समर्पण

'चाय' को जीने वालों
एवं
उन गुमनाम साहित्यकारों को
जो हाशिए पर चले गए हैं ।

# पूर्व कथन

अधरों से ही नहीं इस हृदय से भी लगाया है,
तुम्हारी आत्मीयता को स्मृतियों में बसाया है ।
नुक्कड़ में मिलो या मिलो किसी वीथिका पर,
ऐ 'चाय' अब मैंने तो तुम्हें अपना बनाया है ।।

अंतस के ककहरे से शब्द उठाए इधर सम्वेदनाओं के पन्नों पर अभिव्यक्ति को उकेर दिया यह विचारे बिना कि, गुज़रते हुए समय के किसी मोड़ पर वह पुस्तक के कलेवर में भी अधिगत हो पाएगी।

ज़रा-ज़रा सा याद है बीसवीं शताब्दी के उत्तरार्द्ध अर्थात् सन् उन्नीस सौ अनठानबे-निन्यानबे के एक तड़के जब 'चाय' से पहली मर्तबा मेरी भेंट हुई जिस तरह से उसे जान पाने में तब तक मैं अनभिज्ञ था। दरअसल मेरी परवरिश निम्न मध्यमवर्गीय किसान परिवार में जो कालान्तर में मज़दूर परिवार में रूपान्तरित हो गया ऐसे घर में हुई जहाँ दिनचर्या प्रारम्भ होने के पूर्व 'चाय' पीने का प्रचलन था यानी 'माँ' सुबह के अल्पाहार में 'चाय' भी बनाया करती थी । शाम को भी पढ़-लिखकर या खेल-कूदकर जब सहज निष्काम भाव से घर लौटना होता तब भी एक कप गरमा-गरम 'चाय' माँ के हाथों से पीने का सौभाग्य मिल जाता । कहना चाहता हूँ कि दो कप 'चाय' पीने की आदत मुझे छुटपन से ही हो गई थी ।

यह उन दिनों की बात है जब मैं हाईस्कूल में अध्ययनरत था । विकट आर्थिक परिस्थितियों के कारण घर विपन्नता से जूझ रहा था, माँ का सहयोग करने के अलावा मेरे पास कोई विकल्प भी नहीं था ।

चाय शिवाय

(चाय प्रेम पर एक ज़रूरी पड़ताल)

प्रकाश गुप्ता 'हमसफ़र'

BlueRose ONE.com
Stories Matter
NewDelhi • London

BLUEROSE PUBLISHERS
India | U.K.

Copyright © Prakash Gupta 'Humsafar' 2025

All rights reserved by author. No part of this publication may be reproduced, stored in a retrieval system or transmitted in any form or by any means, electronic, mechanical, photocopying, recording or otherwise, without the prior permission of the author. Although every precaution has been taken to verify the accuracy of the information contained herein, the publisher assumes no responsibility for any errors or omissions. No liability is assumed for damages that may result from the use of information contained within.

BlueRose Publishers takes no responsibility for any damages, losses, or liabilities that may arise from the use or misuse of the information, products, or services provided in this publication.

For permissions requests or inquiries regarding this publication, please contact:

BLUEROSE PUBLISHERS
www.BlueRoseONE.com
info@bluerosepublishers.com
+91 8882 898 898
+4407342408967

ISBN: 978-93-6783-152-6

Cover Design: Aman Sharma
Typesetting: Pooja Sharma

First Edition: January 2025

शिक्षकों,राह चलते लोगों एवं पास-पड़ोस के कुछ बुद्धिजीवियों से बहुधा सुना करता था कि, ' जिन घरों की परिस्थितियाँ प्रतिकूल होती हैं वहाँ के विद्यार्थियों को कुछ शारीरिक श्रम करते हुए अध्ययन करना चाहिए तथा पढ़ते हुए कुछ अर्थोपार्जन करना चाहिए जिससे वे स्वावलंबी बन सकें साथ-ही-साथ उनके विवेक का समुचित विकास हो सके । ' फिर क्या था वे बातें मेरे मन-मस्तिष्क में घर कर गयीं मैंने ठान लिया कि उसी दिशा में मुझे भी अग्रसर होना है ।

जैसा कि मैंने पूर्व में बताया कि,सन् अनठानबे-निन्यानबे में जब प्रथमतः 'चाय' से मेरी साक्षात्कार हुई आशय यह था कि भोर में 3:30 (तीन तीस) से 4:00 (चार) बजे के बीच जब मैं जाग जाया करता था और रायगढ़ (तब मध्यप्रदेश) के रेलवे स्टेशन से समाचार-पत्र एकत्रित कर उसे सवेरे 7:00 (सात बजे) बजे के पहले-पहल घर-घर,सड़कों,कार्यालयों तथा नुक्कड़,ठेलों में बाँट दिया करता था । पेपर बाँटने के ठीक पेश्तर सुबह 4:00 (चार बजे) से 4:30 (साढ़े चार) के मध्य रायगढ़ के चक्रधरनगर चौक में एक ठेलेनुमा 'चाय' का स्टॉल लगा करता था । जिसे जन-साधारण लोग 'टेकु' 'चाय' के नाम से जानते थे । उस वक्त एक कप ' चाय ' एक रुपए में मिल जाया करती थी । उसी एक कप 'चाय' के प्याले से मुझमें नवीन कल्पनाओं,एकनिष्ठ संघर्षों,अटाटूट सच्चाइयों एवं सकारात्मक क्रान्तिकारी विचारधाराओं का बीजारोपण हुआ,बदलते हुए परिवेश में 'चाय' की कीमतें,'चाय' बनाने की विधियाँ,'चाय' का स्थान,'चाय' के ठेले एवं 'चाय' पीने वाले लोग भी बदले,एक सामान्य बालक भी बदलकर ठीक आपके सापेक्ष आया जिसे आप सब प्रकाश गुप्ता "हमसफ़र" के नाम से जानते हैं ।

'चाय शिवाय' किताब मेरी दूसरी रचनात्मक कृति है इस किताब को लिखने का विचार लगभग डेढ़ दशक पहले ही आ चुका था परंतु परिकल्पना साकार रूप नहीं ले पा रही थी । अनगढ़ हाथों को कलम घिसने की आदत तो माध्यमिक शाला से ही हो चुकी थी,मैट्रिक एवं इंटरमीडिएट की परीक्षा उत्तीर्ण करने के बाद जब महाविद्यालय की ओर रूख किया तो लिखने की प्रवृत्ति प्रगाढ़ हुई,लेखन सतत् रूप से चलता रहा ।

'चाय शिवाय' किताब को मैंने न केवल एक किताब की तरह देखा बल्कि एक दर्शन के सदृश प्रगतिशील विचार के रूप में उसे अंगीकार किया ।

मैंने महसूसा कि 'चाय' महज़ 'चाय' नहीं है 'दुग्ध जल मिश्रित शर्करा युक्त पर्वतीय बूटी या कि पीने योग्य एक पेय पदार्थ' वरन् सभ्यता एवं मनुष्य की बेचैनी को अपने भीतर आत्मसात् कर लेने वाली एक अभिप्रेरणा है औषधि है । 'चाय' को एक श्रेयस्कर दृष्टिकोण से मैं इस उद्देश्य से भी परिभाषित करना चाहता हूँ कि,

निर्धनता से जूझता हुआ जब कोई दिहाड़ी मज़दूर काम करते-करते निढाल हो जाता है उसकी श्रम शक्ति क्षीण होने लगती है तब उसके सामर्थ्य को यही 'चाय' नई ऊर्जा देने का कार्य करती है । किसान जब निद्रा त्यागकर अपने खेतों की मुआयना करने निकलता है तो सवेरे की एक कप 'चाय' उसे तरो-ताज़ा करती है उसके रातों के स्वप्नों को यथार्थता प्रदान करते हुए उसके खेतों को हरियल रंग में रंग देती है । देश का कोई वीर-जवान,फ़ौजी-सिपाही बार्डर पर तैनाती करते समय,दुर्गम बर्फीली पहाड़ों में शून्य से भी कम तापमान पर अपना कर्तव्य निभाते वक़्त या सैनिक छावनियों में हमलावर योजना तैयार करते हुए एक कप काढ़ानुमा 'चाय' उठाता है तो उस

समय उसकी हड्डियों में नशों में बलिदान होने की भावना जागृत होती है । देशभक्ति के साथ-साथ उसमें विश्वभक्ति का संचार होता है वह समूचे विश्व को एक परिवार के समान देखता है यथा - 'वसुधैव कुटुम्बकम्' । वह चाहता है कि संसार में चैन-सुकून का वातावरण निर्मित हो जाए,घाटी में अमन व दिलों में भाईचारे की बयार बहने लगे और मनुष्य को ज़ंजीरों में बाँधने वाली सारी हदें निस्सीम हो जाएँ ।

जब एक साहित्यकार 'चाय' पीता है तो वह जीता चला जाता है,अपनी स्मृतियों में डूब जाता है,उसमें अपने चिंतन,संवेदन को अभिव्यक्त करने के गुण आने लगते हैं । वह अपने मन की बात कह पाता है,अपनी आत्मा की आवाज़ सुन पाता है,अपनी पीड़ाओं को लिख पाता है,इस असंवेदनशील घेरे में भी सत्य की मुखरता को सबके सामने लाकर समाज को आईना दिखा देता है । इसी तरह दार्शनिक,शिक्षक,वैज्ञानिक,डॉक्टर,रंगकर्मी,चित्रकार,नर्तक,सलाहकार,व्यवस्थापिका,कार्यपालिका,न्यायपालिका एवं लोकतंत्र का चतुर्थ खम्भा मीडिया भी 'चाय' से अछूते नहीं रह पाते । रिक्शावाला,कुली, मोची, गोदामों के हम्माल, कलाविद, अभ्यागत, पंसारी तथा लंबी-लंबी यात्राओं पर चलने वाले यायावर व ट्रक ड्राइवर यहाँ तक कि स्वयं 'चाय' बनाने वाला 'चाहाड़ी' भी अपनी उबासी मिटाने के लिए दो घूँट 'चाय' पी ही लेता है । निम्न तबका,मध्यम वर्ग,संभ्रांत परिवार शायद! ही ऐसा कोई वर्ग या जगह हो जहाँ तक 'चाय' की पहुँच न हो या वहाँ तक 'चाय' पहुँच पाने का माद्दा न रखती हो यद्यपि साधु-सन्त, पीर-फ़क़ीर भी उससे दूर नहीं रह पाते यदा-कदा 'चाय' से जुड़ ही जाते हैं तात्पर्य यह है कि जीवन की महायात्रा में 'चाय' में लोगों को उनके विचारों को जोड़ने की शक्ति भी अंतर्निहित है ।

व्यसनों से दूर रहने की सलाह देते हुए,मैं दो कप 'चाय' पीने-पिलाने का पक्षधर हूँ व उन लोगों से भी मैत्री रखता हूँ जो 'चाय' तो नहीं पीते लेकिन! सच्चाई के रास्तों पर चलने के अगुवा हैं । मेरा जीवन सदैव से संघर्षशील रहा उन्हीं दिनों मैं 'चाय' से लगातार रूबरू होता रहा 'चाय' की शोहबत में मैं जीवन पथ पर किताबों,अख़बारों,पत्र-पत्रिकाओं,खोजी प्रवृत्तियों,मनोविश्लेषणवादी विचारों,संगीत व सृजनात्मकता से जुड़ता चला गया ।

मेरे लिए राह चलते किसी 'सर्वहारा' का दिया हुआ नाम "हमसफ़र" तो है ही,बहुत सारे सहयात्री पथिकों के संग 'चाय' भी एक तरह से मेरी "हमसफ़र" है । मैंने यह भी अनुभूत किया कि गर्दिश के समय जब मैं अध्ययनरत था या दूर शहरों-महानगरों की ओर रोजगार की तलाश में निकल जाया करता था जब जीवन के गहरे विषाद मुझे जकड़ लेते थे या लिखते-पढ़ते मैं रात के सन्नाटे में कहीं खोने लगता था उस वक़्त भी 'चाय' मेरी सहयोगी बनकर लगातार मेरे साथ यात्रा करती रही मेरा साथ निभाती रही । कठिन से कठिन दिनों में भी 'चाय' ने मुझको गलत मार्ग का चुनाव करने से बचाया,हाशिए पर खड़े मुझ जुझारू व्यक्ति को संचेतना दी,भौतिकवादी स्वार्थ के पंजों में दबे हुए मेरे विचारों को स्वछंद होकर उड़ना सिखाया साथ ही समाज,देश और विश्व कल्याण के प्रति मुझे मेरी ज़िम्मेदारी से भी अवगत करवाया ।

हिन्दू धर्म की मान्यताओं के अनुसार भगवान 'शिव' जी ने सृष्टि की रक्षा के लिए समुद्र मंथन से निकले गरल को पी लिया था । उन्हीं के आदर्शों एवं दिखाए हुए मानवता के रास्तों पर चलते हुए सांसारिक सागर के जीवनानुभूतियों के अवगाहन से निकले 'चाय' को मेरे अंतःकरण के साहित्यकार ने धारण कर लिया है, ताकि एकाकी

चलते हुए भी वह उदात्त विचारों के संग लोकहित के लिए अपने जीवन को न्यौछावर कर सके । अँधेरों में सत्य की पड़ताल करते,बीमारियों की चहलकदमी में जोख़िम उठाते,समाज में अपनी हिस्सेदारी,अपनी आत्म निर्ममता को स्वीकार करते मेरे साहित्य को 'ईश्वर' तथा अपनी 'माँ' के अलावा यदि किसी का आत्मीय साहचर्य मिला तो वह 'चाय' थी और यह साहचर्यता अब तक बनी हुई है ।

तब मेरा अंतरतम कहता है –

किसी की प्रेरणा किसी के जज़्बातों की चाय,
मुझे आज भी याद है संघर्षों के रातों की चाय ।
यूँ तो अक्सर मिलता रहता हूँ मैं चाय से मगर,
एक पल भी नहीं भुला माँ के हाथों की 'चाय' ।।

प्रकाश गुप्ता 'हमसफ़र'
रायगढ़ (छत्तीसगढ़)

भूमिका –

हिन्दी साहित्य की रचनात्मक पृष्ठभूमि पर छत्तीसगढ़ की साहित्यिक परम्परा का इतिहास भी स्वर्णिम रहा है। इसी परम्परा की अद्यतन कड़ी में हिन्दी के क्रान्तिकारी साहित्यकारों के पदचिह्नों पर अपनी कविताओं को हमसफ़र बनाकर चलते हुए प्रकाश गुप्ता 'हमसफ़र' अपनी द्वितीय काव्य-कृति 'चाय शिवाय' के साथ प्रस्तुत हुए हैं। यह कृति चाय-संदर्भित कविताओं एवं मुक्तकों का एक सुंदर पुष्प-हार है।

वर्तमान में अन्य पेय पदार्थों की तुलना में 'चाय' के प्रति प्रेम अस्वाभाविक रूप से बढ़ा है। इसके तलबगारों की संख्या में दिन दूनी रात चौगुनी बढ़ोतरी हो रही है। ऐसे में चाय केन्द्रित कविताओं की प्रासंगिकता महत्वपूर्ण हो जाती है और यदि ऐसी कविताएँ जो गहन आत्मिक होते हुए भी 'जन' के सरोकार से जुड़ने लगती हैं तो उन्हें सार्थकता मिल सकती है। एक अच्छी कविता वह है जिसमें कवि की एषणा, कल्पना और संवेदना अपने-अपने व्यष्टि-वर्तुलों से बाहर निकलकर एक समष्टि-वर्तुल में प्रवेश करती हैं। इस संग्रह की कविताएँ चाय के माध्यम से कवि के वैयक्तिक प्रेम, उसके संघर्ष और उसके सामाजिक सरोकारों की ज़मीन पर पल्लवित हैं। समाज के मेहनतकश वर्ग जिसके सुबह का कलेवा 'चाय' से होता है, चाय को जीवन की औषधि की तरह ग्रहण करता है। 'हमसफ़र' अपनी एक कविता 'चाय तुम बेवफ़ा न होना' में लिखते हैं-

"कर्मठ हाथों से छुआ तुम्हें
देते हैं रोज़-रोज़ दुआ तुम्हें
कहते हैं अपनी दवा तुम्हें।"

पूँजी के असमान फैलाव ने अमीर को और अमीर तथा ग़रीब को और ग़रीब बना डाला है। एक ओर पूँजीपतियों के कारख़ानों की संख्या दिनों दिन बढ़ी चली जा रही हैं तो एक ओर भू-पति कृषक भूमिहीन होते जा रहे हैं और मज़दूर तथा मजबूर में तब्दील हो रहे हैं। एक ओर सेठ-साहूकारों के गोदामों में अनाज चूहे खा रहे हैं और एक ओर किसी को दो वक़्त की रोटी के लिए संघर्ष करना पड़ रहा है। ख़ैरियत की बात यह है कि क़स्बे के बच्चों ने फावड़ा-घमेला छोड़ अपने हाथों में किताब और कलम थाम लिये हैं-

"हमारे क़स्बे के तमाम बच्चों ने
किताब और कलम थाम लिये
मेरी गली की मुनिया भी कहाँ
पी कर चाय उपवास रहती है?"

कवि हमसफ़र ने चाय के बहाने शिक्षा और संघर्ष की ओर इंगित करते हुए ठीक ही कहा है कि किताब और कलम से ही भविष्य सँवर सकता है। शिक्षा से ही समाज में व्याप्त अमीरी-ग़रीबी की ये खाइयाँ पाटी जा सकती हैं।

इस संग्रह में प्रेम की कविताओं की भी संख्या ख़ूब है। प्रेम की विभिन्न स्थितियों से गुज़रते हुए अंततः प्रेमी से विलग होने की अवस्था में उसकी स्मृतियाँ ही साथ रह जाती हैं और प्रिय की ये स्मृतियाँ प्रेमी के हृदय को समय-समय दग्ध करती रहती हैं, ऐसे में

प्रेमी अपने प्रिय से सम्बद्ध हर उस चीज़ को याद करता है, जिससे प्रिय का वास्ता हो। 'वो अदरक वाली चाय' की पंक्तियाँ द्रष्टव्य हैं-

"तुम्हारे पिलाये हुए
प्रीत भरे
'चाय' की चाहतों ने
जिन्हें अपना बनाकर
मैंने मुस्कुराना सीख लिया!

तुम्हारे संग-संग
तुम्हारी सहबद्ध
'वो अदरक वाली चाय' भी
मैं तलाशता रहा।"

वे वस्तुएँ जो प्रिय की स्मृतियों से योजित होती हैं, प्रिय के न मिलने से प्रेमी की व्याकुल दशा का संभार करती हैं इसीलिए वह उन वस्तुओं को पाने की इच्छा भी बार-बार दुहराता है। ये तलाश समय के साथ बढ़ती जाती है और अंततः कवि हृदय कह उठता है-

"लिख जाना चाहता हूँ
तुम्हारे 'चाय' की धूसर सतह पर
कभी न मरने वाला एक पुनीत
अर्द्ध प्रेम कथानक"

'हमसफ़र' का अपने गाँव के प्रति प्रेम भी अपूर्व है। वे गाँव में हल और किसान के अलावा मानवता, क्षमाशीलता, परोपकार तथा सद्भाव जैसे मानवीय मूल्यों को भी परखते हैं । गाँव के अलाव एवं कंडों की आँच में पकती चाय की ख़ुशबू किसे नहीं भाता? 'मेरे गाँव की चाय' कविता में हमसफ़र का कहना है-

"सूखी लकड़ी, कंडों के अलाव की चाय
पीकर देखना कभी मेरे गाँव की चाय

...

विचारों के चूल्हों पर बदलाव की चाय
पीकर देखना कभी मेरे गाँव की चाय।"

हमसफ़र का चाय के प्रति आसक्ति बहु-स्तरीय है। वे 'चाय' को मानवतावादी दर्शन से संपृक्त करना चाहते हैं। लगभग शताब्दी भर पहले उत्तरछायावादी दौर में कवि हरिवंश राय बच्चन ने हाला (मदिरा) को दर्शन से जोड़ा और उसे वर्ण्य विषय बनाकर मस्ती, उमंग और उल्लास से परिपूर्ण अधिसंख्य कविताएँ लिखीं जिससे स्वच्छंदतावाद की एक नवीन शाखा प्रस्फुटित हो उठी। इसे हालावाद के नाम से पुकारा जाने लगा। जीवन की क्षणभंगुरता, जीवन के दुःख और विषादों से मुक्ति पाने के क्रम में बच्चन ने सूफ़ी दर्शन को हिन्दी कविता में स्वीकारा। किन्तु आज का परिदृश्य परिवर्तित हो चुका है, आज के युग में 'चाय' के प्रति जन-जन की आसक्ति बढ़ी है इसलिए हमसफ़र ने चाय को अपना वर्ण्य विषय चुना। हिन्दी साहित्य में इतनी संख्या में चाय-केन्द्रित कविताएँ शायद पहली बार पाठक की नज़र में आएँगी। इन कविताओं में 'हमसफ़र' का अपना दर्शन है। मानवतावाद व द्वंद्वात्मक भौतिकवाद के समन्वित रूप में हमसफ़र की कविताएँ रेखांकित होती हैं। इसमें हासिये पर छूट गये लोगों के प्रति गहन सहानुभूति है और मानव मात्र के प्रति गहरी संवेदना। चाय का सम्बन्ध किसी भी जाति-धर्म, आयु अथवा लिंग के व्यक्ति से अछूता नहीं है। चाय कइयों को उनके जीवन के लक्ष्यों तक पहुँचाने की माध्यम बनी है। एक मुक्तक देखिए–

"किसी को चेतना, किसी को प्यार दे दिया
कि तुमने तो बहुतेरों को रोज़गार दे दिया
सुबह की खिली धूप 'चाय' का पता दे गयी
जिसने जीवन को जीने का आधार दे दिया।"

'हमसफ़र' की भाषिक योजना सहज और सरल है। यथास्थान तत्सम-तद्भव और विदेशज शब्दों के साथ-साथ ठेठ देशज शब्दों की प्रयुक्तियों से कविताओं का कलेवर निखर कर आया है। भाव-विन्यास में प्रेम के विविध पहलुओं का राग, प्रकृति के प्रति श्रद्धा, समाज के मेहनतकशों के प्रति सद्भावना और 'चाय' को भक्ति के प्रतीक के रूप में प्रस्तुत करने की अभीप्सा से 'चाय शिवाय' की उद्भावना इस संग्रह की विशिष्टता है। आशा है हमसफ़र इन कविताओं के माध्यम से समाज में चाय के महत्त्व को समुद्घाटित करने में सफल होंगे और पाठकों के मध्य 'चाय' से सम्बन्धित ये कविताएँ और मुक्तक पठनीय होंगे। इन्हीं अभिलाषाओं के साथ...

निमाई प्रधान 'क्षितिज'
खपरापाली, रायगढ़ (छ.ग.)

अनुक्रमणिका

खण्ड – एक: कविताएँ 1

उसके नाम की चाय 2

महकदार चाय 3

चाय का पता 4

वितरागी चाय 5

जागरण की जनताना चाय 6

नई सुबह की चाय 8

न वो बेवफ़ा थी न चाय बेवफ़ा है 10

प्रेमिल चाय 12

दार्शनिक चाय 14

मेरी चाय की केतली 16

तुम्हारे और तुलसी चाय के बगैर 18

चाय तुम बेवफ़ा न होना 20

चाय का शहर हो जाएँगे 22

चाय के प्यालों में ढूँढता रहा 24

कल मिली थी चाय 27

वो चाय वाला कमरा 29

चौराहे पर चाय 31

चाय की आस	33
दरियादिल चाय	35
मैं चाय हूँ	38
चाय तुम्हारी याद में	40
चाय के साथ होना	42
चाय मेरी प्रियतमा सी लगती है	44
चाय तक भी नमन पहुँचे	46
बस चाय की तरह	48
प्रेरणाओं की चाय	50
कटघरे में चाय	52
ख़ामोश चाय	54
कॉफी हाउस के रस्ते में	56
मुझको चाय से प्रेम है	59
चाय भी सहयात्री हो गई	61
चाय लिख देना	63
आतिशबाज़ चाय	65
एक नदी चाय की	67
वो अदरक वाली चाय	69
आज की ताज़ी चाय	71
दो कप चाय के बिना	73
मेरे गाँव की चाय	75

एक कटोरी पहाड़ी चाय	78
सड़कों पर चाय	83
चाय की मोहब्बत	85
चाय से सीखा है	86
चाय बन-बन कर	88
चाय-चाय-चाय	89
चाय और स्मृतियाँ	91
गुड़वाली चाय के जैसी	93
मलंगपुर का चायवाला	95
तब चाय ज़रूरी हो गई	97
बरसात की रात और उस चाय ने	99
तीसरी चाय	101
उसी चाय की मेज़ पर	103
एक कॉफी पी बैठा	105
चाय शिवाय	107
खण्ड – दो: मुक्तक	**111**
साहित्यिक परिचय	**152**

खण्ड – एक

कविताएँ

(१)
उसके नाम की चाय

मेरे प्राणों के
अंतस्थ में बसी
किसी
अतुकांत कविता की तरह
वातायन से
नयनों के आती
वह पवित्र प्रार्थना भी!

समेटे हुए
युगाब्ध की
अव्यक्त अभिव्यक्तियाँ
कि आज
पुनर्जीवित हो चली हैं
कोटि-कोटि विछिन्न
बेसुध स्मृतियाँ!

ऐसे में
किसने बढ़ा दिया है मेरे जानिब?
एक कप 'चाय'
फिर से उसके नाम की ।

(२)
महकदार चाय

अनकहे अल्फ़ाज़ों के
गुमशुदा
किस्से हैं कई
संघर्षों की कालिमा
दुःख
मेरे हिस्से हैं कई
कई-कई बार
जागृति मेरी लेकर
स्वप्नों को भी मेरे
चुरा ले गई!

उसकी गली की
'महकदार चाय'
साथ मुझे भी अपने
उड़ा ले गई ।

(३)
चाय का पता

एक सदा
दरवाज़े से मेरे
लौट जाती होगी
एक सूखी नदी
मल्लाहों को
गीत सुनाती होगी
एक तुलसी
उसके आँगन में
खिलखिलाती होगी
एक नन्ही चिड़िया
नया कोई
घोंसला बनाती होगी

शायद!
शायद बगल वाले
पंसारी की दुकान के
पास की गुमटी में
वो अब भी
मेरी 'चाय' का
पता पूछती होगी ।

(४)
वितरागी चाय

तमस को
छिटकाकर परे
जीवन पथ पर ज्वाला-सी
पसीजती है
बीहड़ में आत्मा के
वो!
अदृश्य भू-सलीला सी
रतजगे
राहगीरों को
फिर उसके
बरामदे का सराय मिला
प्रेमिल हृदय के चोटों को
औषध एक कषाय मिला
अगोचर की
मंजुल कृति
मुखड़े पर उसके
सादगी आज भी है
ओ काली कमली वाले!
उसकी
लाली चाय पर
ताज़गी आज भी है ।

(८)

जागरण की जनताना चाय

उलझनों के
क़ाफ़िले में
बदहवास ज़िन्दगी
चाहे कटती रहे!
अवसादों के
अरण्य में
सिरकटी लाश
चाहे जलती रहे!
दिवा स्वप्नों के
अवसान में
तिरस्कृत व्यंजना
चाहे घुटती रहे!
या
अज्ञात आघातों की
अनचिन्हार बस्तियों में
मेरी निर्मल करुणा
चाहे मरती रहे!

कालान्तर से मगर
व्याकुल पथिकों का
माँदगी मिटाने वाली
हे चाय!
तुम्हें जागना ही होगा
हाँ! ...
तुम्हें जागना ही होगा
विक्षिप्तों की संध्या
शोषितों के दिवस
वंचितों की रातों
सह ...
सर्वहारा के सवेरों में
कि मेरी तरह
गुम न हो जाना
तुम कभी भी अँधेरों में ।

(६)
नई सुबह की चाय

दीवारों से लाल
झाँकती हुई खिड़कियाँ
सलाखों में कैद
सिसकियाँ लिये
यंत्रणाओं से परिवेष्टित
ये सूने आँगन
परित्यक्त किवाड़ों की
किस्से-कहानियाँ लिये
कि घरों से
तब्दील मकानों में
श्मशानों में
वो! ...
अब भी देता है
दस्तक कई बार

हज़ारों-हज़ार!
चहकती चिड़ियों की
मृदु बोली सुन
झुग्गियों के बच्चों ने भी
खोल लिये हैं
उम्मीदों के पर

लगता है ...
किसी स्वप्न के
पूरे हो जाने का
आ चला है समय भी
इस नई सुबह की
चाय के साथ ।

(७)

न वो बेवफ़ा थी न चाय बेवफ़ा है

मलबे में बिखरे
मेरे घर के
अब भी
सिमटी हैं तुम्हारी यादें
समंदर में खारे
मेरी आँखों के
अब भी
तैरती हैं तुम्हारी बातें
उस चायखाने के
चौथे टेबल पर
भूला नहीं हूँ वो मुलाक़ातें
कि मेरी
उद्भावनाओं के
अकथ संसार में
अब भी
जागृत हैं
वो रुदन भरी रातें!

मगर ...
लगता है आज भी
जाने क्यूँ ज़िन्दगी?
संघर्षों में हर दफ़ा है
यह भी तो सच है
न वो बेवफ़ा थी कभी
न 'चाय' कभी बेवफ़ा है ।

(८)
प्रेमिल चाय

जो
कही न गई
अब तक
जो
सुनी न गई
अब तक
जो
सोची न गई
अब तक
जो
खोजी न गई
अब तक

और

और जो देखी
लिखी न गई
अब तक

वही कविता!
मैं लिख जाना चाहता हूँ
तुम्हारे नाम!

और
लिख जाना चाहता हूँ
तुम्हारे 'चाय' की
धूसर सतह पर
कभी न मरने वाला
एक पुनीत
अर्द्ध प्रेम कथानक ।

(९)
दार्शनिक चाय

मैं ...
इतिहास की
हर किताब में
तुम्हारे निशान
ढूँढता रहा
मैं ...
तारीख़ के
तमाम पन्नों पर
तुम्हारे किस्से
लिखता रहा
मैं ...
सभ्यता के
सभी दौर में
तुम्हारी गवाही
देता रहा

और

मैं ...
समय का
सहयात्री बन
सर्वदा ही
तुम्हारे संग-संग चलता रहा

शताब्दियों से मगर
ज़ंजीरों में बंधी
हे अभागन!

फिर-फिर
तुम्हारा आह्वान होगा
हिमाद्रि के पूजनीय
उसी गंगाय की तरह!
तब एक रोज़
तुम्हारी पीड़ाओं को भी
पी जाऊँगा
किसी चाय की तरह ।

(१०)
मेरी चाय की केतली

अपनी सुधियाँ
अपनी नेकियाँ
अपने विचार
अपना सादापन
अपनी प्रार्थनाएँ
अपनी अभीप्साएँ
अपना समर्पण
अपना अमितोष जीवन!

छोड़ गया है
कोई मेरे हवाले!

कि ले गया है

मेरी भूलें
मेरी शर्तें
मेरी कशीदगी
मेरा बनैलापन
मेरी मान्यताएँ
मेरी आलोचनाएँ
मेरी तृषा
मेरा अनुरागी अंतर्मन!

इस तरह
सदा-सदा के लिए
खाली कर गया है वह!
वेदनाओं से भरी
'मेरी चाय की केतली' ।

(११)
तुम्हारे और तुलसी चाय के बगैर

प्रेम की
प्रथम अनुभूति को
जिसने स्पर्श किया
अधरों के
मौन प्रश्नों को
जिसने संदीपन दिया
विखण्डित
अन्तः करण के
आघातों को
जिसने आत्मसात् किया

और जिसने ...
बरसों बरस से
बिसराए हुए
पगडंडियों को
फिर एक बार ज्योतित किया

कि मेरी
जीर्ण थैलियों में
भरी रहीं
तुम्हारी स्मृतियाँ

कोरे जीवन में रह गईं
कोरी मेरी अभिव्यक्तियाँ
तुमसे बिछुड़कर हो चलीं
विध्वस्त मेरी बस्तियाँ!
औ निशीथ के
उस छोर से तुम्हें
पुकारती रहीं
वो सिसकियाँ!

सचमुच!
तुम्हारे और
उस तुलसी चाय के बगैर
जीना! ...
दरअसल जीना नहीं
बल्कि
चिरकाल तक
मरण था मेरे लिए ।

(१२)
चाय तुम बेवफ़ा न होना

मर-मर कर जिया तुम्हें
यायावर बनकर पिया तुम्हें
यात्राओं में साथ लिया तुम्हें
जी भरकर प्यार किया तुम्हें
चिथड़ा-चिथड़ा सिया तुम्हें
माना अपना हिया तुम्हें
वृतान्त अपनी दिया तुम्हें
मुझमें अंकुआना नव बिया तुम्हें ।

भूल-गलती पर मेरे कभी ख़फ़ा न होना,
देखो 'चाय'! तुम कभी बेवफ़ा न होना ।।

रदपुट से अपनी चखा तुम्हें
अहोरात्र ही पास रखा तुम्हें
बनकर रहना मेरा सखा तुम्हें
चरैवेति फिर इस दफ़ा तुम्हें
जन-परिजन से सुना तुम्हें
एकान्त में बूझा, पढ़ा तुम्हें
पहले भी कई बार सोचा तुम्हें
उस सृजन में अपने गढ़ा तुम्हें ।

जहान रूठे मुझसे कभी जुदा न होना,
देखो 'चाय'! तुम कभी बेवफ़ा न होना ।।

कर्मठ हाथों से छुआ तुम्हें
देते हैं रोज़-रोज़ दुआ तुम्हें
कहते हैं अपनी दवा तुम्हें
ये एहसास भी कभी होगा तुम्हें
तबीब होकर चलना सदा तुम्हें
कुछ फ़र्ज़ भी करना है अदा तुम्हें
निभानी है सबसे यूँ वफ़ा तुम्हें
यह आशीष भी दे-दे खुदा तुम्हें ।

प्रार्थना की तरह रहना कभी बद्दुआ न होना,
देखो 'चाय'! तुम कभी बेवफ़ा न होना ।।

(१३)
चाय का शहर हो जाएँगे

श्रद्धा के
पाँखों पर आरूढ़
शक्रचाप के रंगों को
छितराने वाला
गौण जनमानस के
दिनचर्या को भी
अपना मीत बनाने वाला
दु:खों के
अनहद क्रम को
मौन हो
आनंद से
पी जाने वाला
इस
कैमोफ्लाज़ के
ढुलमुलची समय में भी
मधुरित रसगान
टपकाने वाला
महा आडंबरवादी!
विचारों से इतर
गाँवों के अमराइयों का

वो शांतिप्रद
दोपहर हो जाएँगे!

कि
यादों के शहर के माफ़िक़
हम भी एक रोज़
'चाय का शहर हो जाएँगे' ।

(१४)
चाय के प्यालों में ढूँढता रहा

वैकाल में, प्रभात में,
दिवस में, रात में,
सर्द में, बरसात में,
बहार में, तप्त हयात में,
विजय में, मात में,
ठहराव में, झंझावात में,
मौन में, बात में,
हर्ष में, दुखद हालात में ।

गुमनाम स्मृतियों के
मकड़जालों में ढूँढता रहा ।
मैं अक्सर तुम्हें
चाय के प्यालों में ढूँढता रहा ।।

निशान्त में, निविड़ता में,
क्लांत में, सहजता में,
मधुमय में, कठोरता में,
उपेक्षा में, आत्मीयता में,
अतीत में, यथार्थता में,
अनागत में, नवीनता में,
विचार में, मानवता में,
भीड़ में, तटस्थता में ।

हकीकी धरातल पर
कभी ख़यालों में ढूँढता रहा ।
मैं अक्सर तुम्हें
चाय के प्यालों में ढूँढता रहा ।।

सुदूर में,पास में,
निष्काम में,सायास में,
अनिकेत में,अधिवास में,
निर्विशेष में,नीलाकाश में,
कटुक में,मिठास में,
मलिन में,सुवास में,
निर्जन में,प्रवास में,
निष्प्राण में,उच्छवास में ।

नाउम्मीदी के अँधेरों में
विश्वास के उजालों में ढूँढता रहा ।
मैं अक्सर तुम्हें
चाय के प्यालों में ढूँढता रहा ।।

गीत में,ग़ज़ल में,
कविता में,सजल में,
कुटी में,महल में,
रेणु में,शतदल में,
अनिल में,अनल में,
अंबरांत में,गंगाजल में,
प्रत्यक्ष में,ओझल में,
पीयूष में,हलाहल में ।

प्रतीक्षारत उत्तर में
अनसुलझे सवालों में ढूँढता रहा ।
मैं अक्सर तुम्हें
चाय के प्यालों में ढूँढता रहा ।।

(१९)
कल मिली थी चाय

कल मिली थी
कविता!
आँगन में फुदकते
गौरैया के डैनों पर
अगाध्य प्रत्याशाओं के
तृण लिए
उन्मुक्त उड़ती
जिजीविषा की तरह!

कल मिली थी
ज़िन्दगी!
अँधेरों के आख़िरी छोर से
विप्लवी गीतों की
जयमाला बन
काल से होड़ लगाती
मृत्युंजय की तरह!

कल मिली थी
सच्चाई!
मज़लूमों के हौसलों को तौलती
न्याय की निष्पक्ष

पक्षधरता के साथ
सच्चे कानून की
देवी की तरह!

साथ ही

कल
मिली थी 'चाय'!

ग़रीबों,मजदूरों,
लकड़हारों,बंजारों,
बेरोजगारों,किसानों,
भूमिहीनों,असाक्षरों
और-और
अभिशप्तों के
दिलों के भीतर की
बुनियादी घरों में
अवितथ!
प्रेम की तरह ।

(१६)
वो चाय वाला कमरा

जो रूठ गई है
कवि की सुधियों में कहीं
जो छूट गई है
अतीत की कल्पनाओं में कहीं
जो खो गई है
सिन्धु की गहराइयों में कहीं

और! ...

और जो सो गई है
इस बंद घड़ी की
तनहाइयों में कहीं!

फिर एक कप
तलब लिये 'चाय' की
मुरझाई,कत्थई आँखें!
अब भी तलाशती हैं
पता उसके घर का

इधर मैंने
लिख भी तो रखा है
उसका नाम

मेरी अलिखित
आत्मकथा के
उस अदृश्य पन्ने पर!

कि गतांक के पीछे
एक और गतांक है
मेरे ...
चाय वाले कमरे के
किसी कोने पर ।

(१७)
चौराहे पर चाय

जब
निर्धनता के गलियारों में
भटकते रहे
अज्ञानता के मुग़ालते में
उड़ते रहे
एकांतता के दौर में
सुलगते रहे
शून्यता के घेरे में
बिखरते रहे

जब कहीं

दशा में व्यग्रता की
गाँव, क़स्बे, शहर संग
महानगरीय सड़कों पर
दिवालिया बन
मरते रहे

इस भाँति
अपार दुविधाएँ
जहाँ आ खड़ी हुईं
वक़्त के दोराहे पर

तब
साहित्य के साथ-साथ
मिली 'चाय' मुझे
जीवन के
चौराहे पर ।

(१८)
चाय की आस

वह! दूर रहकर भी सदा,
धड़कनों के पास रहती है ।
मेरी चाय के हर एक घूँट में,
उसकी यादों की मिठास रहती है ।।

वो तसव्वुर ही तो है उसका,
जो मुझे तनहा नहीं छोड़ता ।
मैं जब भी कोई प्याला उठाता हूँ,
एक और चाय की प्यास रहती है ।।

जाने-पहचाने चेहरों से अब,
वास्ता कहाँ रह गया है मेरा?
इस अजनबी शहर में बस,
चाय की ही तलाश रहती है ।।

हमारे क़स्बे के तमाम बच्चों ने,
किताब और कलम थाम लिये ।
मेरी गली की मुनिया भी कहाँ?
पी कर चाय उपवास रहती है ।।

रात के गुमनाम रास्ते भी,
अब तो रौशन से लगते हैं ।
न बाड़े का ध्रुवतारा ही छिपता है,
न चाय की टपरी उदास रहती है ।।

सच्चा 'हमसफ़र' बनकर तुम,
शामिल होना चायकशी के सफ़र में ।
अब तो लबों पर एक ही दुआ और,
दिल में उसी 'चाय' की आस रहती है ।।

(१९)
दरियादिल चाय

ख़ामोश
पहाड़ी नदी से
बहती हुई
प्रबल उत्कंठाओं वाली
मेरी
बेपतवार काग़ज़ी नाव!
अज्ञात प्रदेश की
निश्चेष्टता को
बुहारती हुई
मधुमय स्वप्नों वाली
मेरी
साहसिक आत्मीय पुकार!
जंगली तितलियों-सी
उड़ती हुई
निर्बन्ध कल्पनाओं वाली
मेरी
अपरिभाषित अभिव्यक्ति!
मेघमय मल्हार को
निर्निमेष!
निहारती हुई

प्रेममय गीतों वाली
मेरी
प्रच्छन्न एकाकी दुनिया!
इन दिनों
कहाँ खो चली है?

लगता है
ढाँप लिया है
घने कोहरे ने
उम्र का वो गुलाबीपन!

तलाशते जिसे
बीत न जाए
एक और जीवन

इसलिए
ओ मेरे
जन्म-जन्मांतर के
अतिप्रिय
एकनिष्ठ प्रियतम!

चलो एक बार और चलें!

मतलब परस्त लोगों
सम्वेदन-शून्य समाज से विलग

बसेरे से दूर बसे
टेकरी वाले!
उस बूढ़े काका की
'दरियादिल चाय' के पास

जो युगों-युगों से निःसंदेह
अब भी कर रही है
इंतज़ार हमारा!
हाँ!
इंतज़ार हमारा ।

(२०)
मैं चाय हूँ

निःशब्द होकर भी
तुम्हें शब्द देती हूँ
निस्संग रातों में
तुम्हारा साहचर्य बनती हूँ
तपकर अलाव में
सर्वस्व अपना खोती हूँ
हँसती हुई
श्रमजीवियों के हित
निम्नवर्ग के
संग रोती हूँ

तथापि
बेला में उलझनों की
वार्ता का प्रतीक होती हूँ

उल्लास,उत्ताप
दोनों का
समन्वय हूँ
उदासीनता को
मिटाने का
कारगर उपाय हूँ
इसलिए कि
मैं चाय हूँ ।

(२१)
चाय तुम्हारी याद में

बागों में
फूल भी खिले तो
तुम मुस्कुराये
राहों में
धूल भी उड़े तो
तुम मुस्कुराये

पाँवों में
शूल भी चुभे तो
तुम मुस्कुराये
मेरे अपने मुझे
भूल भी गए तो
तुम मुस्कुराये

तुमसे पूर्व
न कोई
एकान्त का मीत!

न होगा कोई
बेशक!
बाद में

मैं अक्सर इन दिनों
कुछ
लिखता-पढ़ता रहता हूँ
'चाय तुम्हारी याद में' ।

(२२)

चाय के साथ होना

महानगरीय बसाहट की
रोजमर्रा से
होती हुई
शहरी जीवन की
चिमनियों!
कस्बाई इलाकों की
झुग्गियों!
होटलों,ढाबों की
भट्ठियों!
ठेलों,गुमटियों की
सिलेंडरों,सिगड़ियों!
के साथ-साथ
गॉवों की - -
खपरीली बस्तियों के
चूल्हों तक
आ पहुँचती है!

प्रत्यूष से गोधूलि तक
रात की नीरवता में भी
जानूस से दिसेम तक
विथावान के
कल्पनाओं में भी

कोटिशः अधरों को
तर करती हुई
कुम्हलाहट से आनंदिता तक
जा पहुँचती है!

वास्तव में!
इस तरह
चाय का साथ होना
केवल
'चाय के साथ होना' नहीं!
वरन्
संवेदनाओं के साथ
जीवंत होना है ।

(२३)
चाय मेरी प्रियतमा सी लगती है

कभी
पलाश के फूलों की
लालिमा होकर
निरभ्र रातों में
श्वेत चंद्रमा-सी
उगती है
कभी
अंतस के बियाबान में
हरीतिमा बनकर
किसी
रहस्यमयी तनूजा-सी
बहती है

कभी
जुगनुओं के शहर से
उजियार चुराकर
मेरे
तिमिर को
रौशन करती है
तो कभी

हृदयहीन दुनिया में
अपना
सर्वस्व तजकर
वो अब भी
मेरी असफलताओं को
ढँकती है

इस लिहाज़ से
कहूँ सच तो!
आज भी यह 'चाय'
मुझको मेरी
प्रियतमा सी लगती है ।

(२४)
चाय तक भी नमन पहुँचे

पाषाणी विचारों को
जो मोम की तरह
पिघला गया
बावलेपन की तीरगी में
जो एक
दीपशिखा जला गया
घास-फूस
घरौंदों में मिट्टी के
जो गर्दीले स्वप्न सजा गया
उबड़-खाबड़-बंजर
इस मरुभूमि पर
जो अविरल
जलधार बरसा गया!

ऐसे ही
कदमों को किसी
फ़रिश्ते के चूमती
वह अनकही अभिव्यक्ति!
पूछती है
सवालात मुझसे

तब! ...

उत्तर के साथ-साथ
एक नवीन विषय!
रख देता हूँ
समक्ष आपके

कि उसके
सच्चे प्यार के
गुनाहों की
अब मुझ तक भी कोई
सम्मन पहुँचे
मैं ...
ईश्वर! की प्रार्थना में
जब लीन हो जाऊँ
तो
'चाय तक भी मेरा नमन पहुँचे' ।

(२८)
बस चाय की तरह

मैं
एक बार मरा
जी गया
मैं दो बार मरा
दोबारा जी गया
मैं तीन बार
मर कर जी गया
मैं हज़ार बार मरा
लड़-लड़कर जी गया!

इस तरह

मरने-जीने के
इस क्रम में
अमूमन मरता रहा
यकीनन जीता रहा

अलबत्ता!

हर बार
आख्यान को तुम्हारे
मैं चाय की तरह

पीता रहा
चाय की तरह
पीता रहा
बस! ...
'चाय की तरह'
पीता रहा ।

(२६)
प्रेरणाओं की चाय

धुँधला-धुँधला सा
एक एहसास!
सुर्ख़ होंठों पर
दस्तक
दे चला है
धीमा-धीमा सा
एक संगीत!
मुझे दीवाना सा
कर चला है
बहका-बहका सा
एक अल्हड़!
तुम्हारे गाँव की ओर
ले चला है
जाना-पहचाना सा
एक शुभाशीष!
मेरी कुटिया में
फिर नवजीवन
भर चला है

कि एक नई शोहबत में
आगे-आगे
निकल चला है
तुम्हारा मुसाफ़िर!

समाज,देश,विश्व संग
लुटाने इस सभ्यता को

अपनी
विचारधाराओं के
पैगाम की चाय!

कि आज भी
थामे बैठा है वह!
तुम्हारी
प्रेरणाओं के
नाम की 'चाय' ।

(२७)
कटघरे में चाय

लोगों ने
पागल करार दिया
मैंने कुछ न कहा
स्वजनों ने
अनंतर दुत्कार दिया
मैंने कुछ न कहा
मित्रों ने
छल से प्रहार किया
मैंने कुछ न कहा
बुद्धिजीवियों ने
मूर्खों सा व्यवहार किया
मैंने कुछ न कहा

आलोचकों ने
बदनाम
सरे-बाज़ार किया
मैंने कुछ न कहा
साम्राज्यवादियों ने
स्वाधीनता पर
एकाधिकार किया

मैंने कुछ न कहा
अवसरवादियों ने
मुझे कुचलकर
दरकिनार किया
मैंने कुछ न कहा

लेकिन!

जवाब देगी एक रोज़
चल पड़ी है जो
संघर्षों के
रास्तों में चाय!

कि मेरी
बेगुनाही की
इकलौती गवाह बनकर!
अब भी खड़ी है
कटघरे में चाय ।

(२८)
ख़ामोश चाय

उदास रास्तों में
कौन छोड़ गया है
तकती आँखें?
बदलते मौसम से
कौन तोड़ लाया
यादों के फूल?
ज़ख्मों के समंदर से
किसने पी लिया
खारा पानी?
सपनों के संसार में
किसने खोज लिया
नीला चाँद?

बंद हथेली में
किसने रचा ली
मेरे नाम की मेहंदी?
वीरान खंडहरों को
किसने कर दिया
आबाद फिर से?
अतीत की कल्पनाओं में
कौन डूब गया
आज फिर अकेला?

और! ...

और अम्बर के ललाट पर
ये किसने टाँक दिया
उजालों का सूरज?

इस तरह
अनगिनत
सवालों से उलझी
अपनी कहानी
बाँटते-बाँटते

मुझे भी कर गई
मदहोश चाय!

बहुत ख़ामोशी से मगर
कितना कुछ कह गई

वो! ...
ख़ामोश चाय ।

(२९)
कॉफी हाउस के रस्ते में

जहाँ दो बटोही
मिलकर
एक हो जाते थे
जहाँ दो विचार
समर्पण का
विस्तार पाते थे
जहाँ दो हृदय
एक दूजे के
क़रीब आते थे
जहाँ दो सपने
निश्छल जीवन
ढूँढ लाते थे

जहाँ दो संदर्भ
अधूरा कोई
प्रसंग सुनाते थे
जहाँ दो व्याख्यान
विशेष की भी
महत्ता बतलाते थे
जहाँ दो सृजन
भावप्रद

नवगीत गाते थे
जहाँ दो दर्शन
सत्य का
दर्पण दिखाते थे!

जहाँ दो रोटी
वे मेहनत से
कमाते थे
जहाँ दो आँसू
वे निज हिस्से का
बहाते थे
जहाँ दो फूल
वे लोगों के
होंठों पर खिलाते थे

और!
जहाँ दो 'कॉफी'
वे अनजानों को भी
अपना समझकर पिलाते थे!

अब! ...

अब न वो किस्से रहे
अब न वो समय रहा
बनवासी यात्रा के
पृष्ठों पर
प्रलय ही प्रलय रहा!

मगर चलो
चलो फिर एक बार

उन अनमिट पलों को
समेट लेते हैं
अपनी-अपनी
यादों के गुलदस्ते में!

एक नई आशा के साथ
हम फिर मिलेंगे
उस! ...
कॉफी हाउस के रस्ते में ।

(३०)
मुझको चाय से प्रेम है

माँ से प्रेम है
भार्या से प्रेम है
प्रेयसी की
प्रेरणात्मक
स्मृतियों से प्रेम है
बूढ़ी दादी से प्रेम है
नटखट नानी से प्रेम है
'जननी जन्मभूमिश्च स्वर्गादपि गरीयसी'
श्लोक की
पंक्तियों से प्रेम है

मुझको चाय से प्रेम है!

मजदूरों से प्रेम है
हलधरों से प्रेम है
बेघर बच्चों से प्रेम है
लकड़हारों से प्रेम है
यायावरों से प्रेम है
(ख़ानाबदोश बंजारों से)
सर्वहारा वर्ग की
पीड़ाओं से प्रेम है

मुझको चाय से प्रेम है!

मिट्टी के घरों से प्रेम है
प्रेममय झोपड़ों से प्रेम है
मानवतावादी
समाज से प्रेम है
आदर्शवादी
देश से प्रेम है
'वसुधैव कुटुम्बकम' के
विश्व से प्रेम है
प्रकृति व सभ्यता को
समतामूलक भाव से
परिपोषित करने वाले
ब्रह्मांड से प्रेम है

मुझको चाय से प्रेम है!

सत्य से प्रेम है
संघर्षों से प्रेम है
महान् विचारों से प्रेम है
किताबों से प्रेम है
दर्शन से प्रेम है
सच्चे मित्रों,साहित्यकारों से
छत्रछाया देने वाले
भगवान! से प्रेम है

हाँ!
मुझको चाय से प्रेम है ।

(३१)
चाय भी सहयात्री हो गई

मेरे एलबम की
अंतर्धान तस्वीरों में
जम गए थे
दशकों के गर्द
मेरे कैनवस के
धवल कोनों पर
फैल गए थे
खून के छींटे
मेरी तूलिका की
रोशनाई में
अब तक अनाम थे
अधोहस्ताक्षरी
व मेरे
प्रेम की बही में
चिह्नांकित थे
कुछ अधूरे सॉनेट!

मैं से तुम
तुम से वो
और
वो से हम तक

पुनः एक बार
मेरे भीतर के शून्य की
अतल खाई में
वह!
जीवन बो गई है
कि मेरे
सफ़र के
तमाम चिर-परिचितों संग
'चाय' भी मेरी
सहयात्री हो गई है ।

(३२)
चाय लिख देना

एक कारवाँ
जो रास्ते में रह गया था
एक स्वप्न
जो प्यार में बह गया था
एक ख़याल
जो तनहा मुझे कर गया था
एक दिल
जो बरसों पहले टूट गया था

एक घर
जो जर्जर बच गया था
एक 'हमसफ़र'
जो लौट आऊँगा कह गया था
एक बाँध
जो अनजाने में फूट गया था
एक सवाल
जो मेरी डॉयरी में छूट गया था

आज!
आज मगर
सबका उत्तर दे रहा हूँ

बावजूद!
बावजूद उसके
निरुत्तर हो रहा हूँ

तब सुनो!
सुनो कि
नादानियों को अतीत की
मेरा गुडबॉय लिख देना

सच्चाई की हथेली पर

एक कप
चाय लिख देना ।

(३३)
आतिशबाज़ चाय

किसी पेय के
खाली डिस्पोजल की तरह
ब्लेंकलैस नहीं है
हमारी ज़िन्दगी!
किसी डस्टबिन के
कूड़े-कचरे की तरह
व्यर्थ नहीं हैं
हमारे सपने!
किसी भोज्य के
फेंके गए रैपर की तरह
महत्वहीन नहीं हैं
हमारे विचार!
और!
किसी कैपिटलिस्ट के
जूठन की तरह
नाजायज़ नहीं है
हमारा स्वाभिमान!

दरअसल
हमारा अस्तित्व
खौलते हुए
उस
गरम 'चाय' की तरह है

जिसकी हर घूँट
घर, आँगन,
गली, बाड़े,
समाज, देश,
विश्व, ब्रह्मांड में
चिंगारी पैदा करेगी!

और
उन चिंगारियों से होंगी
कई-कई आतिशबाज़ियाँ ।

(३४)
एक नदी चाय की

ग्लेशियरों से
अति प्राचीन!

निकलने वाली
पावन नदियों की तरह
काश
गुजरती
एक 'चाय नदी' भी
सराय के पास से मेरे

साथ अपने
जो बहा लाती

अश्वगंधा,अदरक,
मेंथा,मुलेठी,
सौंफ,गिलोय,
लौंग,इलायची,
नींबू,जीरक,
काली मिर्च,तुलसी

ज़रूरी
सैंधव नमक के अतिरिक्त

अनेकानेक
खनिज लवणों
पोषक तत्वों से युक्त
ख़ज़ाना औषधि का!

पी कर जिसे
नष्ट हो जाते

अहं के कीटाणु
व्यसनों के विषाणु
भय के रोगाणु
जड़ता के जीवाणु!

नफरतों के अणु
प्रतिशोध के परमाणु
व्याधियों के बीजाणु
साथ-ही-साथ
कपट के
छुपे हुए असहिष्णु!

तो
नदी से उस 'चाय' की
भर लेता मैं भी

एक ओक
गंगाजल की तरह
एक कप 'चायजल'!
सदा-सदा के लिए ।

(३८)

वो अदरक वाली चाय

शरद की
ये बिरहन रात
सूनेपन के
भटकते अँधेरे
व्याकुल अंतर की
मौन सिसकियाँ
व्यतीत के
वो प्रतिबिम्ब घनेरे!

पतझर की
ये अकथित व्यथा
जुनूनीयत के
विपन्न डेरे
दुविधाओं की
कोटिशः श्रृंखलाएँ
मुरदादिली के
अलसाए सवेरे!

कि
आज सब ने
घेर लिया है
बारी-बारी से मुझे

मुझे घेर लिया है!

तुम्हारे संस्मरणों ने
जिन्हें सपना बनाकर
मैंने देखना सीख लिया

तुम्हारी बातों ने
जिन्हें कल्पना बनाकर
मैंने सोचना सीख लिया

तुम्हारी ठोकरों ने
जिन्हें प्रेरणा बनाकर
मैंने जीना सीख लिया

तुम्हारे पिलाए हुए
प्रीत भरे
'चाय' की चाहतों ने

जिन्हें अपना बनाकर
मैंने मुस्कुराना सीख लिया!

वास्तव में!

तुम्हारे संग-संग
तुम्हारी सहबद्ध
'वो अदरक वाली चाय' भी
मैं तलाशता रहा!

तलाशता रहा
तलाशता रहा ।

(३६)
आज की ताज़ी चाय

जो जैसे दिखते हैं
वैसे हैं नहीं
जो जैसे बोलते हैं
वैसे हैं नहीं
जो जैसे चलते हैं
वैसे हैं नहीं
जो जैसे मिलते हैं
वैसे हैं नहीं

जो जैसे हँसते हैं
वैसे हैं नहीं
जो जैसे रोते हैं
वैसे हैं नहीं
जो जैसे बनते हैं
वैसे हैं नहीं
जो जैसे पहनते हैं
वैसे हैं नहीं

शुक्र है!
इन सब

जैसे हैं
वैसे हैं नहीं
विरोधाभाषों के
बिल्कुल विपरीत

कभी नहीं करती
दग़ाबाज़ी चाय!

कि इस दौर में भी
सच के अलावा
कुछ नहीं कहती

आज की ताज़ी चाय ।

(३७)
दो कप चाय के बिना

बार-बार पीने से भी
मन नहीं भरता
तुम्हारे दिए ज़ख्मों से
जीवन नहीं भरता
अधूरी अभिलाषाओं से
सपन नहीं भरता
अनेक-अनेक परछाइयों से
मेरा दर्पन नहीं भरता!

अश्रुओं के जलधार से
गगन नहीं भरता
निःश्वासों के चीत्कार से
थकन नहीं भरता
श्रृंगार के विचार से
यौवन नहीं भरता
मनोविनोद के करतार से
मेरा पागलपन नहीं भरता!

ठीक उसी तरह

तुम्हारे अभिज्ञान से पृथक
मेरा सावन नहीं भरता

कि दो कप 'चाय' के बिना
मेरा!
पवित्र-पावन-आँगन नहीं भरता ।

(३८)
मेरे गाँव की चाय

जहाँ
प्रेम है सम्मान है
उम्मीद है पहचान है
अपनत्व है मुस्कान है
सादगी है गुणगान है
रामदीन है रहमान है
समारू है सुलेमान है
एन्तोनी है गुरभजान है
ऐमानुवेल है अरदास मान है!

जहाँ
संकल्प है समाधान है
सद्गति है सन्धान है
व्यवहार है ज्ञान है
मानवता है क्षमादान है
हल है किसान है
धरा है आसमान है
परोपकार है विद्यादान है
सद्भाव है जयगान है!

और!
और जहाँ
सत्तर प्रतिशत हिन्दुस्तान है!

सूखी लकड़ी,कंडों के अलाव की चाय,
पी कर देखना कभी मेरे गाँव की 'चाय' ।

जहाँ
प्राची है पुरवाई है
गोधूलि है ललाई है
बरगद है सराई है
पीपल है अमराई है
नदी है तराई है
फसल है रोपाई है
ददा है दाई है
गंगा मोसी है जमना बाई है!

जहाँ
भजन है रघुराई है!
कथा है कन्हाई है!
प्रहसन है रुबाई है
मुहावरा है कविताई है
ढोल है शहनाई है
बाँसुरी है आशनाई है
कलम है रोशनाई है
जुगनू है दियासलाई है!

और!
और जहाँ
सौ फीसद शनासाई है!

विचारों के चूल्हों पर बदलाव की चाय,
पी कर देखना कभी मेरे गाँव की 'चाय' ।

(३९)
एक कटोरी पहाड़ी चाय

चलते-चलते
पाषाणी राहों पर
जब थक जाऊँगा
लड़ते-लड़ते
आडंबरों से
जब बह जाऊँगा
गिरते-पड़ते
हालातों से
जब झुक जाऊँगा
भागते-भागते
छायाओं से
जब ऊब जाऊँगा
अपनों की
उपेक्षाओं से
जब टूट जाऊँगा
प्रियतमा के
छल से
जब लूट जाऊँगा
कॉमरेडों के
प्रतिघातों से

जब रूठ जाऊँगा
समाज की
अति भौतिकता से
जब छूट जाऊँगा

और!

और मरते-मरते
शहर की
जहरीली आबोहवा से
जब जी जाऊँगा!

फिर!

फिर
खाक छानते पहाड़ों की
मैं देखूँगा

मैं देखूँगा!

जंगलों से
लकड़ी लेकर लौटती
स्त्रियों की वेदनाएँ!
बकरियों,भेड़ों के
जत्थे संग
गड़ेरियों के चिथड़े!
घास-फूस,डंठलों से बने
माटी के घर की

आत्मीयता!
फूल,पत्ते,दातून तोड़ते
आदिम जनों का
परिश्रम!

मैं देखूँगा!

महुआ,डोरी,
कोदो,कुटकी,
चार,जामुन,
केंदू,मकोइया,
बेर,इमली,
पुटुस,आँवला,
कटहल,करौंदा,
बेहरा,हर्रा
को चाव से खाते
पसिये को
उसना भात के
सरपट पीते
काले-तगड़े
अलबेले बच्चों का लड़कपन!

मैं देखूँगा!

बाँस की
पतली-मोटी
परतों से

टूकना,झउहा,
खोमरी,सूपा,
चाप,चटाई,
गप्पा,गोड़ा,
झांपी,कुमनी,
चुरकी,चोरिया,
ढालांगी,छतौड़ी,
झाल-छारनी,दावड़ा
व पर्रा-बिजना पर
कलाकारी करते हाथ

मैं देखूँगा!

जुड़े में
रंग-बिरंगी कलगी खोंचे
पागे में
चटकीला मोरछल लटकाए
कटि में
कमरबंद,गमछा बाँधे
हाथों में
चूरी,मुंदरी,कड़ा पहिरे

मोहरी,मांदर,
हुड़का,चिकारा,
ढोल,निशान,
दफड़ा,नंगारा

खड़ताल,झांझ,मंजीरा लिये
घुंघरू सजे
माहुर रचे पांवों में
अनब्याहे
बुजुर्ग
उन
युगल जोड़ों की थिरकन

तब!

तब
जीवन के विचारों
अंतस के
भोथरेपन को पजाने के लिए

फिर एक बार चल पड़ूँगा
एक कटोरी पहाड़ी चाय
पी जाने के लिए ।

(४०)
सड़कों पर चाय

फुलवारी में काँटे मिले
स्वीकार किया
यामिनी में तनहाइयाँ मिलीं
इंतज़ार किया
हिस्से में दुःख मिले
सत्कार किया
समाज में गालियाँ मिलीं
शिष्टाचार किया

जीवन में संघर्ष मिले
पोटली में शुमार किया
महाभयंकर तूफ़ानों के बीच
निज को पतवार किया
बीमारियों की आवाजाही में
हौसलों को केदार किया!
यात्राओं में सर्वहारा मिले
सबको जय-जोहार किया

ठीक वैसे ही

सड़कों पर 'चाय' मिली!
मैंने प्यार किया
मैंने प्यार किया ।

(४१)
चाय की मोहब्बत

अंधकार के
संसार जाकर भी
धिक्कार के
पार-द्वार जाकर भी
दुविधाओं के
पारावार जाकर भी
मरण के
घर-बार जाकर भी
लौट आया था
वह!

वह जो!
सत्य व
सकारात्मक वाम का
पैरोकार था

एक पथिक!
ऐसा भी था
जो
'चाय की मोहब्बत'
का भी
तलबगार था ।

(४२)
चाय से सीखा है

किसानों में
ताज़गी भरना
कामगारों को
जुझारू बनाना
प्रेमियों में
सात्विकता लाना
अध्येताओं को
रातों में जगाना!

काले,सुर्ख़,
हरे,कत्थई
रंगों वाली!

मधुर,तीखे,
कड़वे,फीके
आस्वादों वाली!

एक नव्य
संकल्पना से
समाज में
जागरूकता फैलाना!

साथ ही

छप्परों से निकलकर
प्रगति पथ पर
अग्र होना!

कि 'चाय' से
सीखा है हमने
एकाग्र होकर भी
समग्र होना ।

(४३)
चाय बन-बन कर

साहस,समर्पण,
संघर्ष,संचेतना!
समाज,साहित्य,
सर्वहारा,संवेदना!

व जीते-जीते
सत्य को

पहाड़!
मुसीबतों का भी
मुझ पर टूटता रहा

पर जाने क्यों?
सबके हितार्थ!

चाय बन-बन कर
मैं सदा ही
बँटता रहा

बँटता रहा ।

(४४)
चाय-चाय-चाय

क्या तुमने
भूख देखी है कभी?
क्या तुमने
सिसकियाँ सुनीं हैं कभी?
क्या तुमने
उपवास किया है कभी?
या
अंजुली भर-भर कर
दुःखों का क्रम
पिया है कभी?

इसी भाँति के
अनुभवों को
रोज़ जीते
फटे पैबंदों को
टाँकते-सीते!

रेल के डिब्बों से
बसों के
बस होने तक!
कारखानों की

चिमनियों से गुज़रकर
चौक-चौराहों के
हद होने तक!

जीवन में रोजमर्रा के
एक तबका
खटता है,तपता है
धुआँ-धुआँ
पानी-पानी!

उसी कल की तरह
आज भी

'चाय-चाय-चाय' की
समवेत स्वर के साथ

वह!
बालपन
किशोर मन
युवा धड़कन
बूढ़ा तन
व
एक अदृश्य चिंतन!

चल पड़ा है
अपने-अपने
कर्म के रास्ते ।

(४८)

चाय और स्मृतियाँ

जटिल जीवन की
सहजता,सरलता!
व्याकुल अंतर की
प्रीत-प्रवणता!
आर्त्तनादी रात की
अथाह गहनता!
बंटवारे की अपने
पवित्र धवलता!

सब श्यामलता
मधुरता!
सब विस्तीर्णता
जीवंतता!

दे आया हूँ
तुम्हारी हथेली में!

कि तुम्हारे
हाथों की चाय
उन
अमिट स्मृतियों के सिवाय

मैं
कुछ भी न समेट सका
शाश्वत!
इस अंतहीन यात्रा की पोटली में ।

(४६)
गुड़वाली चाय के जैसी

अभी-अभी
कारवाँ गुज़रा है
अभी-अभी
नीड़ सँवरा है
अभी-अभी
धुन्ध उजला है
अभी-अभी
हिय सम्हला है

अभी-अभी
अरूप,चेहरा है
अभी-अभी
सम्वेदन गहरा है
अभी-अभी
एकान्त,बिखरा है
यहीं-कहीं
प्रेम पनपा है!

कि
बार-बार जीवन में
जुड़ती चली गई वो

नए-नए
अध्याय के जैसी!

उसकी यादें
शहदीली हैं अब भी
गुड़वाली चाय के जैसी ।

(४७)
मलंगपुर का चायवाला

संवादों में भोलापन
गीतों में
लय-सुर-ताल मिलन
इशारों में दीवानापन
किसी ने नाम
बताया था 'साजन'!

विचारों से
हरा-भरा मन
स्वाद में जिसके देशीपन
रहता था सदा
सस्मित-वदन
जो करता था काम
आनन-फ़ानन

गमछा वाला
मानुष मिला
पगड़ी वाला
कलाकार

चूल्हा वाला

चुलबुल मिला
लगता भी था
अदृश्य कोटवार!

कि चलते-चलते
आज
मिल ही गया

वो दुर्बोध बन्धु
दिलवाला!

याद आता रहा
हर दौर में
मलंगपुर का चायवाला

वो!
मलंगपुर का चायवाला ।

(४८)

तब चाय ज़रूरी हो गई

संघर्षों से हारा नहीं
कर्तव्यों से भागा नहीं
बरसों से सोया नहीं
निरुद्देश्य जागा नहीं

सद्विचारों को मारा नहीं
निर्झर मेरा खारा नहीं
दिया किसी को धोखा नहीं
बेवजह रोका-टोका नहीं

पर जाने क्यूँ?

प्रेम कहानी ही अपनी अधूरी हो गई,
तब एक चाय ज़रूरी हो गई ।

बचा कोई सपना नहीं
रहा कोई अपना नहीं
अब तो रोना-हँसना नहीं
भीतर कोई फ़ितना नहीं

मरना मगर उतना नहीं
गिरना मगर इतना नहीं
मनाना मगर रूठना नहीं
चलना मगर रुकना नहीं

यहाँ जब!

घुट-घुटकर जीना ही मज़बूरी हो गई,
तब एक चाय ज़रूरी हो गई ।

(४९)

बरसात की रात और उस चाय ने

रुदालियों की रूदन भी
सुनाई देती रही
बंदियों की घुटन भी
सुनाई देती रही
श्रृगालों की आहट भी
सुनाई देती रही
पातों की सरसराहट भी
सुनाई देती रही

यहाँ!
सुनाई देती रही

उल्लुओं,पिशाचों,
कीट-पतंगों संग
भयभीत ग्रामों
अज़नबी बस्तियों में
दूर तलक
चोर-चोर-चोर!

और ...
जागते रहो की
गंभीर ऊँची
सामूहिक आवाज़ें!

बेशक!
'बरसात की रात और उस चाय ने'
बहुत कुछ सुना
हमारी
अस्वीकृत अभिव्यक्तियों के
अनंतिम फैसले में ।

(८०)

तीसरी चाय

हमारे बक्सों में बंद
कुछ अधूरी कविताएँ
फड़फड़ा रहीं हैं
हमारी नाड़ियों में कैद
कुछ ग़ैर-ज़रूरी मर्यादाएँ
झल्ला रहीं हैं
हमारी सोच में आरोपित
कुछ सिरफिरी वर्जनाएँ
गरिया रहीं हैं

और! ...
और हमारी
उँगलियों में छिपी
कुछ खुरदुरी कलाएँ
अकबका रहीं हैं

अब! ...
माहौल में ऐसे
न हो पाएगा हमसे
निर्वासित आडम्बरवादियों का
चरित्र-चित्रण!

मालूम पड़ता है
तीसरे पहर के
पीड़ित सन्नाटे ने!
दे दिया है
तीसरी चाय का निमंत्रण ।

(८१)

उसी चाय की मेज़ पर

कभी न लौटकर
आने वाली
सदाओं की तरह
विदित है मुझे
तुम भी
न लौटकर आओगी कभी
गुज़रकर
अतीत हो चले
वक़्त की तरह
भ्रम है मुझे
तुम न रुलाओगी कभी
बदलकर
कुसुमाकर से
पतझर बने
मौसम की तरह
खेद है मुझे
तुम न बदल पाओगी कभी

लेकिन! ...

जल-जलकर
प्रतीक हो गए
पतंगे की तरह
मुझे यकीन है

मैं!
मृत्यु के बाद के जीवन से भी
स्मृतियों के
कुछ संदेशे ढूँढ़ लाऊँगा

कहना न होगा
उसी चाय की मेज़ पर
मौजूदगी में 'चाय' की
देखूँगा तुम्हारा रास्ता
हाँ! तब ...
देखूँगा तुम्हारा रास्ता ।

(८२)
एक कॉफी पी बैठा

एक अरसे बाद
तुम्हारी
गलियों से गुज़रा
तुम्हारे दिए
ज़ख्मों से
तन्हाइयों से गुज़रा
प्रेमिल
एहसासों की दुनिया
बुलाती भी रही
कभी न
भूल सकने वाली
स्मृतियों से गुज़रा

जानी-पहचानी
ख़ानाबदोश कोई
ग़फ़लत लिए
आज
वही पुरानी
गुस्ताख़ी कर बैठा!

एक लंबे सफ़र में
फिर तुम्हारे नाम की
कॉफ़ी पी बैठा

मैं!
फिर तुम्हारे नाम की
कॉफी पी बैठा ।

(८३)

चाय शिवाय

गली-ग्राम विन्यस्त हुए
मदमत्त हुआ शहर मेरा
भग्न हृदय के तार जुड़े
थम-थम गया ज्वर मेरा
क़स्बा-क़स्बा क़ायल बना
सड़क-सड़क रहबर मेरा
प्रेम-रतन संग पीर भी पाई
मधुमय हुआ सफ़र मेरा ।

मेहनतकश अभ्यस्त हुए
स्वाधीन हुआ महानगर मेरा
वंचितों की निनाद उठाने
मौन हुआ अब मुखर मेरा
खेत-खेत श्रावण बरसे
मधुमास हुआ पतझर मेरा
फूल-फूल,डॉली-डॉली
प्रेमिल-प्रेमिल भ्रमर मेरा ।

चाय चिंतन चाय मनन,
ओ मेरी अधरों के पहले कषाय ।
एक सत्य तो यह भी है,

है चाय शिवाय
है चाय शिवाय
है 'चाय शिवाय' ।

नयन-नयन,काजल-काजल
छिपता रहा प्रियवर मेरा
कविता-कविता,स्मृति-स्मृति
फिर-फिर डूबा अंतरतर मेरा
नुक्कड़-नुक्कड़ बन्धु मिले
एकान्त भी तो 'हमसफ़र' मेरा
मलंगपुर का नवगीत सुनाने
देखो ठहर गया यायावर मेरा ।

नदी-नदी ध्यान पीया
द्रुतगामी हुआ निर्झर मेरा
ताल-ताल शतदल खिले
लबालब हुआ सागर मेरा
तिमिर-तिमिर तिरता रहा
प्रकाशित हुआ घर मेरा
अपनों के ही सतत् चोटों से
रूपमय हुआ पत्थर मेरा ।

चाय लगन चाय जीवन,
ओ मेरी जिजीविषा के परम पर्याय ।
एक सत्य तो यह भी है,
है चाय शिवाय

है चाय शिवाय
है 'चाय शिवाय' ।

मानवता का उद्देश्य मिला
अमिय हुआ ज़हर मेरा
पीड़ितों में जागृति लाने
प्रारम्भ हुआ समर मेरा
संवेदनाओं को विस्तार देकर
गर्वित हुआ कलाधर मेरा
तिनका-तिनका संबल बना
भागने लगा सितमगर मेरा ।

बलिदानों का अनुगामी बना
अभिवादन सबका सादर मेरा
अकाल में भी धैर्य न टूटा
फिर से रक्ताभ गुलमोहर मेरा
आडंबरों से मुक़ाबला करते
अर्थवान बना असाक्षर मेरा
दिन,हफ्ते,पक्ष,मास बीते
ठीक ही रहा संवत्सर मेरा ।

चाय सृजन चाय पूजन,
ओ भगीरथ के पवित्र गंगाय ।
एक सत्य तो यह भी है,
है चाय शिवाय
है चाय शिवाय
है 'चाय शिवाय' ।

यातनाओं को वरण किया
सरल हुआ दुष्कर मेरा
देता चला व्यवहार भी सबको
अहर्निश रहा लंगर मेरा
दशकों बाद आभास मिला
दिनकर हुआ निशाचर मेरा
माँ का आँचल थामे रखा
निष्कलंक रहा दर-दर मेरा ।

क्षण भर का आगंतुक था मैं
फिर भी रहा असर मेरा
सच्चे इंसानों से मनभेद न था
धुलता रहा मतान्तर मेरा
षड़यंत्रों के जाल बिछते रहे
यक्ष प्रश्न रहा निरुत्तर मेरा
जड़ता के सारे आखर मिटा डाले
प्रगतिशील हुआ स्थावर मेरा ।

चाय पुरातन चाय नूतन,
ओ आदर्शों के खोजी कविराय ।
एक सत्य तो यह भी है,
है चाय शिवाय
है चाय शिवाय
है 'चाय शिवाय' ।

खण्ड – दो

मुक्तक

(१)

मेरी वेदनाओं के अलंघ्य समंदर में,
किसी पवित्र तटिनी सी उतरती रही ।
शताब्दियों से एक अनदेखी तस्वीर,
इस 'चाय' के हर प्याले में उभरती रही ।।

(२)

जीवन के इस एकान्तवास में,
है कौन यहाँ पर जो हमारा है?
गुमनामी के अँधेरों में भी तो बस,
'चाय' संग तुम्हारी स्मृतियों का सहारा है ।।

(३)

उजाले छोड़ जाएँ तो अँधेरों से दोस्ती कर लो,
अपने छोड़ जाएँ तो मुफ़लिसों से दोस्ती कर लो ।
ज़िन्दगी भी छोड़ जाएगी तुम्हें बंधनहीन अकेला,
सलाह ये भी 'चाय' से चायकशों से दोस्ती कर लो ।।

(४)

तुम्हारी दुनिया से एक दिन दूर,
तुम्हारी सोच से जुदा हो जाऊँगा ।
किसी की यादों में यूँ गुम होकर,
मैं फिर 'चाय' संग लापता हो जाऊँगा ।।

(५)

लिख लेने दो कोई प्रेम गीत,
मुझे गा लेने दो वासंती राग ।
अब मेरे भी सीने में धधकने दो,
इस 'चाय' को जी लेने की आग ।।

(६)

कभी दोस्तों का "हमसफ़र" बना,
कभी विचारों से अरिंदम हो गया ।
जब भी 'चाय' किसी की यादों में उठी,
तब मैं भी! 'चाय गोविन्दम' हो गया ।।

(७)

उन ऊँचे-ऊँचे आसमानों में रहने वाले लोग,
इन आलीशान ठिकानों में रहने वाले लोग ।
किराए की ज़िन्दगी में 'चाय' भी हमारी कॉमरेड है,
जबकि भुला चुके हैं हमें मकानों में रहने वाले लोग ।।

(८)

कोई धीरे-धीरे कोई सांय-सांय पी रहा है,
कोई मौन होकर कोई टांय-टांय पी रहा है ।
पी रहा है कोई जटिल जीवन का नीला गरल,
वह! इन दिनों 'चाय'! आंय-बांय पी रहा है ।।

(९)

यायावरी हसरतों की यह बावली गली,
यादों की सोनजुही से सजा ली है मैंने ।
असंख्य वेदनाएँ सिर्फ़ इलाज एक 'चाय',
आज फिर तुम्हारे नाम की उठा ली है मैंने ।।

(१०)

'चाय' अगर है जुनून तो पीते ही रहेंगे,
ज़िन्दगी को उसूलों पर जीते ही रहेंगे ।
कि जिस कमली ने सोज को ढाँके रखा,
उस मटियाले लिबास को सीते ही रहेंगे ।।

(११)

कुछ लिखता रहा कुछ पढ़ता रहा,
भाग्य अपनी मेहनत से गढ़ता रहा ।
प्यार,दोस्त,अपने मुझे ठुकराते चले पर,
क्रान्तिकारी 'चाय' लेकर सदा तुम्हें खोजता रहा ।।

(१२)

ले आओ 'चाय' का समंदर मेरे पास,
उसे भी तो मोहब्बत से पी जाऊँगा ।
एक रोज़ वो मेरे किरदार को ढूँढेगी,
वादा है मैं तो मरकर भी जी जाऊँगा ।।

(१३)

ओस की चादर ओढ़कर वह तो!
किसी धुन्ध में लिपटता चला गया ।
बीती रात स्मृतियों का कोरा पन्ना,
'चाय' के धुएँ में उड़ता चला गया ।।

(१४)

छलकते रहे होंठों से शब्द,
अजस्त्र धाराएँ बहती रहीं ।
मेरी वेदनाओं की अमिट गाथा,
'चाय' की प्यालियाँ कहती रहीं ।।

(१५)

सब बिखरा-बिखरा सा है संवार नहीं पाता,
मैं चाहकर भी तुम्हें अब पुकार नहीं पाता ।
कि तुम्हारी तलाश में एक दौर यूँ गुज़र चला है,
रास्तों पर 'चाय' सा कोई दिलदार नहीं पाता ।।

(१६)

तुमसे दूर जाने की मज़बूरी ने,
मुझसे दूर सदा मयख़ाने रखा ।
एक दफ़ा यह औषधी 'चाय',
मैंने फिर दर्द के सिरहाने रखा ।।

(१७)

कभी दवा बनकर कभी दुआ बनकर,
इस मेज़बान का प्यारा मेहमां बनकर ।
'चाय' भी एक रोज़ विप्लव ले आएगा,
हम बेज़ुबानों की मुखर ज़बाँ बनकर ।।

(१८)

झपटबाज़ों के शिकारगाह में वे साथी,
कुछ सिगरेटकश कुछ मयकश हो गए ।
कि संस्कारधानी की आवारा गलियों में,
दो कश्मकश आज 'कॉफीकश' हो गए ।।

(१९)

मरु की मृगतृष्णा में रहा इंतज़ार,
कभी गरल ज्वालों में ढूँढता रहा ।
लबों को हाला छू न सकी और,
तुम्हें 'चाय' के प्यालों में ढूँढता रहा ।।

(२०)

कभी तनहाई के नाम भी करता रहा,
कभी किया 'चाय' ज़िन्दगी के नाम ।
कल शाम की बैठकी ख़ानाबदोश मिले,
मगर! आज की 'चाय' दोस्ती के नाम ।।

(२१)

धुएँ में उड़ती रही हमारी ज़िन्दगी,
कभी बिखरती कभी संवरती रही ।
दो दिलों की अकथित ख़ामोशी,
अंतस्तल में 'चाय' सी उतरती रही ।।

(२२)

पी रहा हूँ 'चाय' शराब नहीं है,
दिल अच्छा है मेरा ख़राब नहीं है ।
बेदर्द ज़माने में तुमसे ही मोहब्बत है,
इतनी है जिसका हिसाब नहीं है ।

(२३)

ये सदियों की बंदिशें तोड़कर,
तुम्हारे चित्त में ठहर जाना था ।
फ़रिश्तों के इस प्रेमिल नगर में,
'चाय' पे मिलना तो एक बहाना था ।।

(२४)

ज़िन्दगी रातों का रुख करती रही,
जिस दिन से वो मुझसे ख़फ़ा हो गई ।
उस तमस में भी आलोक ढूँढ लिया,
जब 'चाय' ही मेरी महबूबा हो गई ।।

(२५)

वो चली गई उसकी याद ज़िन्दा है,
मेरे अंतस का आज़ाद ज़िन्दा है ।
उस साँझ के एकाकी सफ़र में भी,
तंदूरी 'चाय' की स्वाद ज़िन्दा है ।।

(२६)

साजिशें तमाम हुईं अहेरी की,
बावरे की हस्ती मिटाने के लिए ।
मैं अनगिनत बार हूँ मरता रहा,
ऐ 'चाय' तुम्हें जिलाने के लिए ।।

(२७)

फिर तुम्हारी यादों के फूल खिले,
पतझर से न रहे शिकवे-गिले ।
अब के मधुमास लौट आऊँगा,
जब 'चाय' चायकश से गले मिले ।।

(२८)

शराब में वो नशा कहाँ जो चाय में है?,
सिगरेट में वो धुआँ कहाँ जो चाय में है?
जुए में वो अदा कहाँ जो चाय में है?,
आवारागर्दी में वो मज़ा कहाँ जो 'चाय' में है? ।।

(२९)

यादों का बोझ लादे उम्र भर,
कोई फिर से ढोने निकल गया ।
'चाय' की तलाश में दिवस, शब,
वो फिर खुद को खोने निकल गया ।।

(३०)

पीता हूँ चाय जीता हूँ चाय मैं सोचता हूँ चाय,
इस विचार शून्य समाज में अब खोजता हूँ चाय ।
किसी आदमी से मिले तो ज़माना गुज़र गया,
एक दर्शन के लिहाफ़ की तरह ओढ़ता हूँ 'चाय' ।।

(३१)

गरीब,अमीर,फ़क़ीर भी पीते रहे,
शाह,आवाम,वज़ीर भी पीते रहे ।
पीते रहे पथ के पथिक तुम्हें 'चाय',
तुम्हें हम जैसे मुंतशिर भी पीते रहे ।।

(३२)

मेरी तबाही का वो मंज़र सरेआम लिख देना,
मेरी वैचारिकी को ही आख़िरी कलाम लिख देना ।
मैं जब तक जिऊँ तुम्हारे नाम की चाय नसीब हो,
मरूँ तो भी एक कप 'चाय' मेरे नाम लिख देना ।।

(३३)

कि एक से बढ़कर एक चाय,
होती भी है दिल की नेक चाय ।
प्रेम कर या होंठों से लगा ले उसे,
किसी भी सूरत मत फेंक 'चाय' ।।

(३४)

रस,छन्द,अलंकार की बहाता चलूँ सरिता तुम पर,
गीत,ग़ज़ल या लिखता चलूँ कोई कविता तुम पर ।
इस भौतिकता के चारागाह में कुछ तो पास मेरे भी है,
क्यूँ न लुटाता चलूँ वो 'चाय' की भी दुनिया तुम पर? ।।

(३५)

कि मेरा बसेरा बना है इन दिनों,
काल की काली चिमनियों के पास ।
एक 'चाय' की मोहब्बत बुलाती तो है,
मुझे आज भी तेरी गलियों के पास ।।

(३६)

एकाकीपन में ज़िन्दगी को जी कर भी देख लिया,
हालात के ज़ख्मों को हमने सी कर भी देख लिया ।
प्रेम की देहरी पर वक़्त को यूँ बदलते देखा कि,
मेहंदी वाले हाथों से 'चाय' पी कर भी देख लिया ।।

(३७)

है चिरनिद्रा में यह जगत् सारा,
रातों को 'चाय' मेरे साथ जगती है ।
'चाय' महज़ 'चाय' नहीं है दोस्तों,
मेरी सम्वेदनाओं की प्राणशक्ति है ।।

(३८)

जीवन की सत्यता को वरो तुम,
कुछ ख़्वाबों से भी प्रेम करो ।
वक़्त के इस ख़लाई दौर में,
'चाय' और किताबों से भी प्रेम करो ।।

(३९)

तुम रास्तों के "हमसफ़र" बने,
हम परछाइयों के अन्वेषी हो गए ।
जब 'चाय' से दोस्ती हुई हमारी,
तब से हम भी परदेशी हो गए ।।

(४०)

सुबह की चाय वो शाम की चाय,
पी लेते हैं हम तुम्हारे नाम की चाय ।
कि मिलेगी मंज़िल देखेगी दुनिया,
एक रोज़ हमारे 'इंतक़ाम की चाय' ।।

(४१)

यात्रा के पन्नों पर अब नज़र,
तुम्हारे कूचे का सफ़र आ गया ।
जुगनुओं की बस्ती में देखो तो,
फिर तुम्हारा 'चायावर' आ गया ।।

(४२)

मेरे आहत हृदय की मौन व्यथाएँ,
ये किसकी धड़कनें सुन रहीं हैं?
निराली शाम की दो 'चाय' प्यालियाँ,
फिर से नई आशाएँ बुन रहीं हैं ।।

(४३)

गुमनाम रास्तों पर एकाकी ही चलते रहे,
बनके प्रदीप तुम्हारी देहरी पर जलते रहे ।
रात के सन्नाटों ने जब भी पुकारा हमें,
पी कर 'चाय' किस्मत की लकीरों को बदलते रहे ।।

(४४)

लाल चाय,काली चाय,हरी प्यारी चाय,
कभी-कभी ले लेते हैं रामदुलारी चाय ।
कड़वाहट जीवन की दो घूँट में पी चले,
कि इरादों में रख लिए हैं 'चिंगारी चाय' ।।

(४५)

रात-रात उसकी यादें तर करता रहा,
भोर उसके गलियारे सफ़र करता रहा ।
न चारागर न मिला "हमसफ़र" ही कोई,
मैं दिन भर 'चाय' उसकी नज़र करता रहा ।।

(४६)

इरादों में वह! तूफ़ान तो कभी,
हमारे पसीने में ईमान ला देती है ।
एक 'चाय' की ही तो उम्मीद है जो,
मरियल विचारों में भी जान ला देती है ।।

(४७)

आँखों ने देखे मधुरात के स्वप्न,
रग़बत उसकी रूहानी हो गई ।
किसी अज़नबी से सुना था मैंने,
मेरे 'चाय' की वो भी दीवानी हो गई ।।

(४८)

किनारे पर आकर भी मैं भँवर में डूबा रहा,
तुम्हारी कत्थई आँखों के समंदर में डूबा रहा ।
डूबा रहा तुम्हारी वीथिका में सुधियों में कहीं,
'चाय' की संगत के संग युगान्तर में डूबा रहा ।।

(४९)

किस शहर किस खंडहर खोई है ज़िन्दगी?
सिरहाने पर मरण के यूँ सोई है ज़िन्दगी ।
वासन्ती अधरों की कभी मुस्कान बनी तो,
कभी भाद्रपद के 'चाय' सी रोई है ज़िन्दगी ।।

(५०)

मेरे कंबल मेरी किताब मेरे ऐनक के वास्ते,
इस बदहवास शहर के उस रौनक के वास्ते ।
ऐ 'चाय' लौटकर फिर लबों पे आ जाओ,
उजड़े हुए उन बागानों की महक के वास्ते ।।

(५१)

मेरी नादानियों पर कभी ख़फ़ा न होना,
मेरी परेशानियों पर भी मुब्तिला न होना ।
अपने तो साथ छोड़ चले हैं "हमसफ़र",
ऐ 'चाय' तुम कभी भी बेवफ़ा न होना ।।

(८२)

चलता ही रहा वो यादों का बादबाँ,
उड़ता ही रहा वहाँ 'चाय' का धुआँ ।
मरासिम ढूँढने अब निकलता नहीं शहर,
जबकि ज़िन्दगी भी है एक अंधा कुआँ ।।

(८३)

तुम्हारी फब्तियों से मेरी नातेदारी न रही,
कि यहाँ ख़ुदगरजों से कोई यारी न रही ।
बस अतल अंधकूप के अब हूक हैं अपने,
वो 'चाय रामप्यारी' भी तो हमारी न रही ।।

(८४)

ख़ानाबदोशी के इस डगर-डगर,
उस मंज़िल के हर एक सफ़र ।
ऐ 'चाय' तुम्हें तलाशता ही रहा,
अपरिचितों के मैं नगर-नगर ।।

(५५)

बीमार ज़िन्दगी में परिचर्या बनकर आ गई,
दुर्दिन के दिनों में दिनचर्या बनकर आ गई ।
एकान्तवास के ठिकानों में उसे बुलाता रहा,
वहाँ भी तो 'चाय' तपश्चर्या बनकर आ गई ।।

(५६)

'चाय' इतनी ख़ुशकिस्मत क्यूँ है?
रचनाकार को उससे उल्फ़त क्यूँ है?
पीड़ाओं से लबालब जीवन मगर वो!
आख़िरी घूँट उसकी मिल्कियत क्यूँ है?

(५७)

हलक से उतरकर सआदत हो गई,
ख़लक तक पहुँचकर इबादत हो गई ।
वो बटोही इन दिनों एक उलझन में है,
कि 'चाय' कब उसकी मोहब्बत हो गई? ।।

(५८)

मेरी नाकामियों का वो किस्सा भी,
न सिमट कर रहा इस ज़माने तक ।
तेरे दरस की चाहत खींच लाई है,
आज फिर मुझे तेरे 'चायखाने' तक ।।

(५९)

कभी प्रेम के प्रतिबन्धों से मुक्त हुआ,
कभी डूबा रहा पावस की चाशनी में ।
तुम्हारे नाम की 'कॉफी' भी बुलाती रही,
मुझे कॉफी हॉउस की मद्धिम रौशनी में ।।

(६०)

इस क़दर वो इस दिल के क़रीब रहा,
उसका तसव्वुर ही मेरा नसीब रहा ।
दौलतों की दुनिया जब रक़ीब बनी,
तब ये 'चाय' ही तो मेरा हबीब रहा ।।

(६१)

कि वो किस्सा मेरी साफ़गोई का,
गली-कूचे उसके सराय कहते हैं ।
मोहब्बत की इस रूहानी दुनिया में,
हम अक्सर तुम्हें 'चाय-चाय' कहते हैं ।।

(६२)

गुमनाम लोग ये बेगाना समाज,
जब मतलबपरस्त ज़माना हुआ ।
हम दिल पर चोट सहते ही चले,
तब 'चाय' से ही दोस्ताना हुआ ।।

(६३)

मेरे घर की उस दहलीज़ से होकर,
तुम्हारी यादों का कारवाँ गुजरता रहा ।
वह 'चाय' सी साँसों में खौलती रही,
मैं 'चायकश' बनकर उसे पीता रहा ।।

(६४)

कि शब के घने अँधेरों में ढूँढा तुम्हें,
दिन के उजालों में भी खोजता रहा ।
वो! क़तरा-क़तरा मुझे भुलाती रही,
और मैं 'चाय-चाय' उसे सोचता रहा ।।

(६५)

जब विदा हो जाऊँगा इस सृष्टि से मैं,
तब मुझको नचिकेताओं में ढूँढ लेना ।
मेरे वुजूद के कुछ अनमिट किस्से भी,
मेरी 'चाय' की कविताओं में ढूँढ लेना ।।

(६६)

देकर सपनों की तिलांजलि घुटता चला गया,
तेरी चाहत में किसी तारे सा टूटता चला गया ।
नामवरों के बीच बेनाम इस क़दर चला कि,
'मसाला चाय' की गलियों में डूबता चला गया ।।

(६७)

साथ छोड़ जाए ये दुनिया जब,
तब ज़िन्दगी अकेले ही जी लेना ।
जब भी मुसीबत आए कोई तो,
एक कप 'महाकाल चाय' पी लेना ।।

(६८)

जिजीविषा के आँचल से अश्रुओं को पोंछ लेता हूँ,
रोज़ सवेरे तुम्हारी सुधियों को अब खोज लेता हूँ ।
अभितापों से लिपटी रातों की नीरवता है मेरे पास,
कि हर साँझ तुम्हें 'चाय' की तरह मैं सोच लेता हूँ ।।

(६९)

दुग्ध जल मिश्रित शर्करा युक्त पर्वतीय बूटी,
है ज़िन्दगी भी इधर अपनी तो रूठी-रूठी ।
'चाय' की संगत को तरसते आम-ओ-खास यहाँ,
कौन न पिए तुम्हें किसकी है किस्मत फूटी? ।।

(७०)

प्रतीकों, बिम्बों और भी अनेक उपमानों में,
रस घोलता ही तो रहा वो! बहरे कानों में ।
चौपाटियों, ठेलों इधर पास के ठिकानों में,
अब भी जीवित है 'चाय' प्रेमियों के आशियानों में ।।

(७१)

चायकश, चायज़ादा, चायावर तलाश कर,
मकान से निकलकर कोई घर तलाश कर ।
उस कफ़स को तोड़ दे आज़ाद परिंदे अब,
हाशिए की बस्तियों में "हमसफ़र" तलाश कर ।।

(७२)

अभी-अभी सोमवार को आई थी,
मैं बुध को भी आऊँगी कह गई है ।
पिछले रविवार की भी एक 'चाय',
तुम्हारी यादों के नाम की रह गई है ।।

(७३)

इन अँधों और उन बहरों की दुनिया में,
ये कहाँ आ गए हैं हम गूँगों की दुनिया में?
मोहब्बत के साथ 'चाय' अपनी पूँजी है,
उसे भी बाँट देंगे भिखमंगों की दुनिया में ।।

(७४)

यातनाओं के अँधेरों में रोज़-रोज़ मर रहा हूँ,
कि अँगारों पर अब भी अकेले चल रहा हूँ ।
एक उम्र क़ुर्बान कर दिया मैंने तुम्हारे वास्ते,
मगर इन दिनों 'चाय' उनके नाम कर रहा हूँ ।।

(७५)

कमज़ोर हो तो खुद को बेहतर बना लो,
जंगी विचारों का एक लश्कर बना लो ।
इस दौर में जहाँ लोगों ने चुप्पी साध ली है,
ऐसे आलम में 'चाय' को भी मुखर बना लो ।।

(७६)

खूब अगर पढ़ना है तो चाय पियो,
खुलकर तुम्हें जीना है तो चाय पियो ।
व्यसनों से और नफ़रतों से दूर रहो यारों,
देश के लिए कुछ करना है तो 'चाय' पियो ।।

(७७)

फिजिक्स,केमिस्ट्री,गणित को घोलकर पी जाओ,
भाषा,विज्ञान तमाम विषयों को झोलकर पी जाओ,
पी जाओ अपने-अपने लक्ष्य तक पहुँचने का जुनून,
तुम दो कप 'चाय' दिल-दिमाग खोलकर पी जाओ ।।

(७८)

जो ग़मों को पीना सीखा गई वो चाय थी,
जो होंठों को हँसना सीखा गई वो चाय थी ।
जो माँ की स्मृतियाँ दिला गई वो 'चाय' थी,
जो ज़िन्दगी को जीना सीखा गई वो 'चाय' थी ।।

(७९)

आँखों में सवाल पैदा करती है रात ग्यारह की चाय,
झोपड़ों में कमाल पैदा करती है अलसुबह की चाय ।
कि अब यहाँ बरबाद हो चुके अचेतन लोगों के बीच,
नसों में बवाल पैदा करती है 'साढ़े बारह की चाय' ।।

(८०)

दो कप पियो बढ़िया चाय पियो,
इन दिनों तुम! ख़तरा चाय पियो ।
दारू,सिगार,हुक्का तो बहुत पी चुके,
एक काम करो! अर्रा-धुर्रा 'चाय' पियो ।।

(८१)

हमारे दिलों में अब भी इंसानियत छिपी है,
सड़कों के किनारे जिसकी कीमत छिपी है ।
मैं बाँटता ही तो रहता हूँ मुस्कान हरदम,
टपरी वाले 'चाय' में भी तो मोहब्बत छिपी है ।।

(८२)

बंद बुद्धि के दरवाज़े खोल देती है चाय,
जो कुछ कड़वा है बोल देती है 'चाय' ।
मधुर संगीत सा रस घोल देती है चाय,
खुद रहकर घाटे में मोल देती है 'चाय' ।।

(८३)

तुम्हारे दिए हुए ठोकरों से रौशन हैं,
गुमनामी में ज़िन्दगी कहाँ जीते हैं?
सफ़र में तुम्हारी यादें भी तो साथ हैं,
हम 'चाय' भी अकेले कहाँ पीते हैं? ।।

(८४)

शराब छोड़कर 'चाय' से मोहब्बत कर लेना,
सिगरेट तोड़कर 'चाय' की सोहबत कर लेना ।
न दुखाना किसी इंसान का दिल ऐ "हमसफ़र",
दो दिलों को जोड़कर ईश्वर की इबादत कर लेना ।।

(८५)

हमारी ख़ामोशी को मजबूरी न समझा जाए,
हमारी फ़कीरी को कमज़ोरी न समझा जाए ।
स्वाभिमान से करते हैं सबको पीने का आग्रह,
हमारी 'चाय' को मालगुज़ारी न समझा जाए ।।

(८६)

उद्देश्य तक अपने पहुँचने के लिए,
आदर्शवादी विचारों को जीना पड़ेगा ।
ज़िन्दगी नाम के गरमा-गरम 'चाय' को,
हमें सीप-सीप करके पीना पड़ेगा ।।

(८७)

शराब,सिगरेट,व्यसनों के बगैर भी,
इस ज़िन्दगी को जिया जा सकता है ।
हालात के ज़ख़्मों को भुलाने के लिए,
दो कप 'चाय' पिया जा सकता है ।।

(८८)

शुबह तो पीते हो शाम को भी पी लिया,
तुम अक्सर पी लेते हो शर्वरी में चाय ।
नवम्बर में आई थी दिसंबर में भी चली आई,
फिर एक बार बवाल काटेगी जनवरी में 'चाय' ।।

(८९)

एक किताब की तरह पढ़ता रहा तुम्हें,
एक डॉयरी की तरह लिखता रहा तुम्हें ।
एक गीत की तरह गुनगुनाता रहा तुम्हें,
एक 'चाय' की तरह मैं खोजता रहा तुम्हें ।।

(९०)

किसी को चेतना किसी को प्यार दे दिया,
कि तुमने तो बहुतेरों को रोजगार दे दिया ।
सुबह की खिली धूप 'चाय' का पता दे गई,
जिसने जीवन को जीने का आधार दे दिया ।।

(९१)

जब सफ़र में कदमों को थाम लिया हमने,
किसी का सहारा न हाथों में जाम लिया हमने ।
फिर बढ़ते ही रहे हम मंज़िल के रास्ते-रास्ते,
थककर चूर हुए तो सिर्फ़ 'चाय' का नाम लिया हमने ।।

(९२)

अँधों के शहर में शीशे सी बिकती रही अंधड़ चाय,
तन्हाई के सफ़र में लड़खड़ाती रही अल्हड़ चाय ।
वेदनाओं के पथ पर चित्त का परिमल बनकर भी,
मुझे अक्सर ही तो मिलती रही वह 'कुल्हड़ चाय' ।।

(९३)

बेवफ़ा सी लगती है ये ज़िन्दगी,
तुम मगर जीने का कोई ज़रिया हो ।
मैं तो समंदर हूँ तुम्हारी यादों का,
और तुम! 'चाय' का एक दरिया हो ।।

(९४)

लोगों को पिलाते हैं ताज़ी,कड़क 'चाय',
उनकी सोच को भी अतुल्य बनाते हैं ।
बसते हैं सभी के दिलों में हर वक़्त,
तभी तो हम 'चाय अमृततुल्य' कहलाते हैं ।।

(९५)

व्यसनों से दूर चलो 'चाय' पीते हैं,
नफ़रतों से दूर चलो 'चाय' जीते हैं ।
अहंकारों से दूर चलो 'चाय' सोचते हैं,
असत्यों से दूर चलो 'चाय' खोजते हैं ।।

(९६)

कि एक जीवन देश के नाम कर दिया है,
क्रान्ति की राह पर अब तो क़दम धर दिया है ।
इस सफ़र में बहुतेरों से नाते निभाए हैं हमने,
लो 'चाय' से भी हमने प्रेम कर लिया है ।।

(९७)

एक किताब की तरह वो मुझे पढ़ती रही,
एक 'चाय' की तरह मैं उसे जीता रहा ।
एक सवाल की तरह वो मुझे ढूँढती रही,
एक ज़वाब की तरह मैं उसे मिलता रहा ।।

(९८)

आई ए एस भी पीते हैं आई पी एस भी पीते हैं,
आई एफ एस भी पीते हैं तुम्हें एम बी ए चाय ।
इन दिनों मरने-मारने पर उतारू दंगाई दुनिया,
कि हम तो हरदम जीते हैं तुम्हें इसलिए 'चाय' ।।

(९९)

हमारे गुनाहों की कानून में कोई दफ़ा नहीं है,
दुनिया ने मुख मोड़ा भगवान! ख़फ़ा नहीं है ।
आज सुना ही देता हूँ अपना फ़साना सरेआम,
वो! दिलरुबा थी कभी 'चाय' भी बेवफ़ा नहीं है ।।

(१००)

दिल से दिमाग से किसी ने मकान से निकाल दिया,
समय ने मेरे भाग्य को ठोकरों में उछाल दिया ।
तिरस्कार,आघात,झूठ की दुनिया रास न आई,
शुक्र है मेरे इन हाथों ने 'चाय' सम्हाल लिया ।।

(१०१)

कि तुमने साथ छोड़ा मैंने सिगरेट छोड़ दी,
लो शराब से भी तो मैंने रिश्तेदारी तोड़ दी ।
उम्मीदों की एक किताब हाथ में लिया और,
'चाय' की गलियों में ये ज़िन्दगी मोड़ दी ।।

(१०२)

आदत बनकर आई थी कभी,
अब जुनून बनकर वो! रहती है ।
'चाय' की मोहब्बत मेरी रगों में,
अब तो खून बनकर भी बहती है ।।

(१०३)

मेरा अर्पण तुम्हारी आस एक ख़याल चाय,
पूछती है मुझसे बहुत सारे सवाल चाय ।
नफ़रतों की गली से कहीं दूर निकल चलें,
चलो पी कर भी देखते हैं 'भौकाल चाय' ।।

(१०४)

कभी चौराहों पर मिली मुझे,
कभी दिखी झोपड़पट्टियों में ।
खौलती रही संघर्षों की 'चाय',
अंगारो की अकथ्य भट्ठियों में ।।

(१०५)

तिमिरमय निलय हो कर भी,
न उर था मेरा क़ाफ़िर की तरह ।
हम भी तो तुम्हारे गाँव को आए थे,
किसी 'चायकश' मुसाफ़िर की तरह ।।

(१०६)

कभी आँखों से उतरी तो खारून बनी,
लबों को छू कर गुज़री तो सुकून बनी ।
दिल में यादों का लश्कर जज़्ब किए,
वो 'चाय' की प्याली भी मेरा जुनून बनी ।।

(१०७)

मज़दूरों के घर भी मिली,
किसानों के घर भी मिली ।
प्रेम का चौथा खत लेकर मुझे,
'चाय'! दीवानों के घर भी मिली ।।

(१०८)

तलब लगी तो इन हाथों ने 'चाय' उठा लिया,
तुम्हारे ही नाम की धुन में ये सराय सजा लिया ।
कभी 'हमसफ़र' तो कहीं वो बनके यायावर,
झुग्गियों से भी मैंने कुछ रिश्ता निभा लिया ।।

(१०९)

कुछ तारीख़ के पन्ने धूमिल से हुए,
पर जीता रहा तुम्हें 'चाय' की तरह ।
खुद के भीतर महासागर छुपाए रखा,
मैं पूजता रहा तुम्हें गंगाय की तरह ।।

(११०)

प्यार,वफ़ा कुछ सपनों को भी छलती रही,
ज़िन्दगी कभी गरम 'चाय' सी उबलती रही ।
दरकिनार हुए जब अपने भी इस सफ़र में,
वही 'चाय' परछाई बनकर साथ चलती रही ।।

(१११)

'चाय' की चुस्कियों में तुम्हें जीता रहा हूँ,
बनके एक 'चायकश' तुम्हें पीता रहा हूँ ।
चिथड़े मेरे सपनों के घर के दिखाऊँ कैसे?
मैं लहू से अपना दामन भिगोता रहा हूँ ।।

(११२)

कि वह 'चाय' नहीं छोड़ी है मैंने,
ये गमों का ज़हर भी पी लेता हूँ ।
यादों की बारिश मुझे भिगोती तो है,
पर अश्रुओं का समुंदर भी जी लेता हूँ ।।

(११३)

हमारी तड़प हमारी मजबूरियों की देती रही गवाही चाय,
गुमनामी के दिनों में भी करती रही हमारा वाहवाही चाय ।
काश्मीर से कन्याकुमारी तक बिखरी काहवा,काही चाय,
खोजती है आज भी हमें आख़िरी तलब की 'तबाही चाय' ।।

(११४)

बैरागी यह चित्त मेरा आबद्ध क्यूँ हो गया?
पृथक होकर भी तुमसे सम्बद्ध क्यूँ हो गया?
'चाय' ही गाती रही मेरी व्याकुल व्यथा कि आज,
'हमसफ़र' फिर एक बार निःशब्द क्यूँ हो गया? ।।

(११५)

इनसे दूर जाना चाहता हूँ 'चाय' से नहीं,
उनसे दूर जाना चाहता हूँ 'चाय' से नहीं ।
जो 'चाय' से कहना चाहता हूँ सबसे नहीं,
तुमसे दूर जाना चाहता हूँ 'चाय' से नहीं ।।

(११६)

तर अधर तुम्हारी गरमाहट से यूँ पिघला बदन,
कि चर्चा तुम्हारी गली-गली हर सदन-सदन ।
बेमकसद ज़िन्दगी को 'चाय' की प्रेरणा मिली,
तुम्हारी चाहत से ही खिला हर सस्मित-वदन ।।

(११७)

इस क़दर अपना भी तो याराना रहे,
तुम्हारी गलियों में अक्सर आना जाना रहे ।
एक बसेरा तो तनहाइयों में है अपना,
'चाय' की गुमटियों में भी एक ठिकाना रहे ।।

(११८)

उज्ज्वलता लिए हुए कभी बदली से गुज़रा,
वसुधैव कुटुम्बकम् की गीतांजलि से गुज़रा ।
मैं गुज़रा तुम्हारे शहर के अपरिचित विचारों से,
फिर तुम्हारी यादों में 'चाय' की गली से गुज़रा ।।

साहित्यिक परिचय

नाम – प्रकाश गुप्ता 'हमसफ़र'

साहित्यिक नाम – 'हमसफ़र'

(एक सर्वहारा का दिया हुआ नाम)

जन्मतिथि – 09-10-1984

माँ का नाम – श्रीमती सावित्री गुप्ता

धर्मपत्नी का नाम – श्रीमती रेखा गुप्ता

शिक्षा –

हिन्दी,अंग्रेजी,मनोविज्ञान (स्नातकोत्तर) बी.एड.,इलेक्ट्रीशियन से डिप्लोमा,पोस्ट ग्रेजुएशन डिप्लोमा इन गाइडेंस एण्ड काउंसलिंग तथा कंप्यूटर आदि ।

सम्प्रति – 'शिक्षक' (छत्तीसगढ़ शासन)

प्रकाशन –

विभिन्न साहित्यिक पत्र-पत्रिकाओं यथा – साहित्य अमृत,कादम्बिनी,पंजाब सौरभ,शबरी,साहित्यांजलि प्रभा,हिन्दी सागर,एहसास पत्रिका,साहित्य अभियान,मगवा बुकलेट पत्रिका (मगसम) एवं प्रतिष्ठित समाचार पत्रों में आलेख तथा रचनाओं का प्रकाशन ।

प्रकाशित पुस्तक -

आधा दर्जन से अधिक साझा संकलनों (किताबों) में सृजनात्मक सहभागिता ।

सम्मान -

विविध साहित्यिक संस्थानों एवं गतिविधियों से शताधिक पुरस्कार ।

विशेष -

प्रगतिशील,मानवतावादी साहित्यिक संचेतना से अभिप्रेरित ।

संपर्क सूत्र -

प्रकाश गुप्ता 'हमसफ़र'
साहित्यकार
शिक्षक (छत्तीसगढ़ शासन)
सह
शैक्षिक सलाहकार
विनोबानगर वार्ड क्रमांक - 24
सेन्ट जेवियर स्कूल के सामने की गली
रायगढ़ (छत्तीसगढ़)
पिन - 496001
मोबाइल नंबर - 7747919129
             8319165210

ई-मेल - humsafarg22@gmail.com

www.ingramcontent.com/pod-product-compliance
Lightning Source LLC
LaVergne TN
LVHW041947070526
838199LV00051BA/2931
* 9 7 8 9 3 6 7 8 3 1 5 2 6 *